나선 역학 모델,
모든 것의 이론

Summary of Spiral Dynamics Value Systems

일러두기

- 이 책은 밸류매치ValueMatch 사가 돈 벡Don Beck과 크리스 코완Chris Cowan이 쓴 《나선 역학Spiral Dynamics》에서 핵심만 요약해 편찬한 *Summary of Spiral Dynamics Value Systems*의 완역본이다.

- 본문 내용 중 '각주'와 '곁글' 및 '부록'은 독자의 이해를 돕기 위해 옮긴이가 첨부한 글이다.

우리는 왜 서로 다르게 생각하고 행동할까

나선 역학 모델, 모든 것의 이론

밸류매치 편 | 김철수 옮김

한국NVC출판사

차례

 노랑 – 상승효과와 완전성

107

 청록 – 통합적 세계관

부록

나선 역학
8가지 가치관 체계

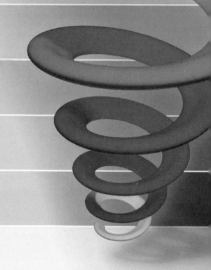

두 번째(2층) '존재'의 메타밈

청록 100년 전(또한 놀랍게도 2500년 전) 시작
- 의식의 새로운 영역을 경이감으로 바라보고 탐구한다. 모든 생명체 사이의 균형을 복원, 세계에 통일성과 안정성을 되돌려주려 한다.
- 창시자-세계 종교의 신비가들, 테이야르 샤르댕, 니콜라 테슬라, 스리 오로빈도, 지두 크리슈나무르티

노랑 100년 전 시작
- 나의 내적 발달 수준에 맞춰 세상에 기여하고 싶다. 모든 사람은 평등하지만, 똑같지는 않다.
- 지속 가능한 사회의 건설
- 창시자-베르탈란피, 푸앵카레, 망델브로, 칼 융, 그레이브스, 켄 윌버

8가지 가치관 체계는 우리의 정신적인 틀과 신념이 진화하는 과정을 설명하고 다음 진화 단계의 지표를 보여준다. 이 과정은 어린이의 발달 단계에서도 찾아볼 수 있다. 어린이는 이 과정을 거치며 점차 복잡해지는 환경에 적응하고 살아가는 방법을 배운다. 하지만 이 진화 과정은 직선적이지 않다. 가치관 체계를 설명할 때는 생활환경, 그 안에서 진화한 정신 능력, 그 안에서 생각이나 행동으로 가치관을 표현하는 구체적인 방식, 이 세 가지 측면이 동시에 작용한다.

첫 번째(1층) '생존'의 메타밈

초록 350~200년 전 시작
- '나는 느낀다, 고로 존재한다'. 모든 사람은 본래 선하고 평등하다, 지구는 우리 공동의 집이다.
- 개인의 성장을 실현하고 자연과 조화롭게 어울려 살기
- 창시자 - 렘브란트, 루소, 사르트르

오렌지 2500년 전 시작
- '나는 생각한다, 고로 존재한다.' 나의 안녕은 나 개인의 책임이므로, 목적을 달성하기 위해 재능을 개발한다.
- 물질적 풍요를 누리고 개인의 자유와 기회 활용
- 창시자-탈레스, 피타고라스, 소크라테스, 플라톤, 아리스토텔레스, 프톨레마이오스

파랑 1만 년 전(농업 출현) 시작
- 우리는 신의 가르침과 신을 향한 믿음으로 살고, 신과 우리를 보살피는 권위자들에게 봉사한다.
- 세상이 질서정연하게 돌아가도록 이끄는 건 신성한 율법이다.
- 창시자-신석기 문화의 작은 공동체들

빨강 1만 년 전(구리 사용) 시작
- 나 자신만을 믿으며 즉시 욕구를 채운다. 본능적 충동을 즉시 해결하고 관심사를 추구한다.
- 열정적인 삶을 위한 갈망과 욕망
- 창시자-메소포타미아 사람들

보라 4만 년 전(호모 사피엔스가 살던 시기) 시작
- 가족 공동체 안에서 안정과 편안함을 추구한다. 가족의 생존이 최우선이다.
- 자연 정령들이 지배하는 두렵고 신비로운 세계
- 창시자-호모 에르가스테르(Homo Ergaster)

베이지 15만 년~20만 년 전(호모 사피엔스가 살던 시기) 시작
- 생존하기 위해 생활환경 안에서 어떻게든 살아가야 한다. 일차적인 삶의 욕구와 생식 충동을 채우는 것이 중요하다.
- 창시자-호모 하빌리스(200만 년 전)

옮긴이의 글

우리는 왜 서로 다르게 생각하고 행동할까?

사람마다 각기 다르게 생각하고 다르게 결정하며 다르게 행동한다는 것은 이미 잘 알려진 사실이다. 우리는 이런 다름을 그러려니 당연하게 받아들이기도 하지만, 때로는 그런 다름 때문에 당혹스러워하거나 다름의 이유에 대해 궁금해한다. 경영자와 근로자, 여야 정치가, 교사와 학생뿐만 아니라 부부, 부모와 자식, 형제자매 등 모든 사람 관계에서는 가치관과 사고방식의 차이로 말미암아 갈등이 빚어지게 마련이다.

왜 이렇게 다를까? 동일한 사건에 대한 해석과 해결방식이 왜 그토록 다른 것일까? 다른 시각과 관점, 다른 세계관과 가치관을 갖게 하는 기저의 힘은 무엇일까? 이런 차이점을 설명하기 위해서 예전부터 '세대 차이'나 '지역 혹은 문화 간 차이'와 같은 개념을 적용해 왔다. 하지만 그런 개념들은 '어떤 점'에서 다른지 그 내용은 밝혀내더라도, '왜' 그런 차이점이 생기는지에 대한 설명으로는 만족스럽지 않았다. 같은 연령대의 동일 세대라 해도 그 안에 또다시 생각과 행동의 차이가 있고, 동일한 문화권 내에서도 다양한 차이가 있다. 따라서 세대나 지역 또는 문화라는 개념만으로는 '차이'를 충분하게 설명하지 못한다.

최근 개인의식의 발달과 사회의 가치 시스템의 진화 모델로 관심을 끌고 있는 '나선 역학Spiral Dynamics'은 이러한 문제를 극복하면서 좀 더 폭넓게 사고방식과 행동상의 차이와 그 원인을 설명할 수 있는 새로운 모델로 관심을 끌고 있다. 이 책은 네덜란드의 기업 자문 및 교육/훈련 전문기관인 밸류매치ValueMatc에서 펴낸 나선 역학의 핵심을 간결하게 요약한 책인 *Summary of Spiral Dynamics Value Systems*의 완역서이다.

옮긴이가 처음 나선 역학을 접한 것은 2000년 켄 윌버Ken Wilber의 《통합 심리학Integral Psychology》을 통해서이니 어느덧 20년이 훌쩍 넘었다. 나선 역학 모델을 처음 접했을 당시 심리학을 배우고 가르친 지 30년이 넘었을 때였지만, 저자 벡Don Beck과 코완Chris Cowan은 물론 이 모델의 기반이 되는 그레이브스Clare W. Graves라는 심리학자, 그리고 이들이 창안한 가치관 체계 발달이론이 있다는 사실을 전혀 알지 못했다는 것이 매우 놀랍고 신기했던 기억이 생생하다. 발달심리학이든 성격심리학이든, 일반적으로 접할 수 있는 어떤 심리학 교과서나 논문에서도 그레이브스라는 학자나 그의 이론을 접할 수 없었기에 모르는 것이 당연한 일이었는지도 모른다.

그레이브스는 논문이나 저술로 자신의 이론을 알리는 데 신중했던 학자였다. 하지만 그가 활동하던 시대적 관점의 한계와 제한된 자료라는 한계를 뛰어넘어 그의 연구 범위는 당시로서는 매우 포괄적(생물학적, 심리학적, 사회학적, 현상학적, 시스템적)이었다. 또한 그레이브스는 혼돈이론이나 프랙탈 같은 현대적 관념을 예견했던, 어쩌면 심리학 역사상 가장 다채롭고 가장 생산적인 정신을 소유한 심리학자 중 한 사람이 아니었을까 하는 생각도 든다.

벡과 코원이 그레이브스의 '존재수준' 이론에 관심을 갖지 않았거나 세 사람이 정기적으로 만나 학술적 교류를 하지 않았다면, 《나선 역학Spiral Dynamics》이라는 책을 출판하지 않았더라면, 그리고 켄 윌버가 이 책을 자신의 저술에 소개하지 않았다면, 아마 지금도 그레이브스와 그의 이론뿐만 아니라 나선 역학 모델도 숨은 보석이자 원석 그대로 어딘가에 묻혀 있을 가능성이 크다.

나선 역학 모델은 인간 존재의 복잡성을 분석하고, 일견 매우 혼란스럽게 보이는 생활상에 일련의 질서와 예측 가능성을 부여해주는 새로운 접근방법이다. 나아가 다양한 가치관과 세계관이 진화 발달해가는 궤도를 탐구하는 이론적 틀로서 생활 분석과 적절한 계획을 수립하기 위한 강력한 토대를 제공한다. 그도 그럴 것이 이 모델은 사람들이 보이는 다양한 차이의 일반적인 패턴을 드러내 보여주며, 각기 삶에 대한 독특한 관점을 지니는 이유와 현실 세계에 대한 감각이 어떻게 바뀔 수 있는지를 설명해줄 뿐만 아니라, 더 복잡한 존재수준으로 성장해가는 과정에서 각자의 수준에 적합한 의사소통, 경영, 교육을 위한 구체적인 도구를 제공하기 때문이다.

따라서 나선 역학 모델을 익혀 도구로 활용할 경우, 사업가는 조직문
화를 좀 더 잘 이해할 수 있는 이점이 있고, 코치는 특정 단계에서 다
음 단계로 이행해 가는 과정과 이행 후 조직의 안정화 작업을 더 효과
적으로 이끌어갈 수 있으며, 교육자는 학습자가 더 적절한 방식으로
배울 수 있도록 교육과정을 재설계할 수 있을 것이다. 부모와 자식 간
에는 서로의 욕구와 관점을 더 잘 이해할 수 있어 불필요한 갈등을 미
연에 방지할 수 있고, 경영자는 평범한 인구사회적 변인(나이, 성별, 교육
수준 등)으로는 알 수 없는 차이 때문에 겪는 어려움을 해소할 수 있으
며, 종교지도자라면 다양한 집단에 서로 다른 메시지로 동시에 다가갈
수 있는 융통성을 발휘할 수도 있을 것이다. 평범한 일반인들 역시 때
때로 이해할 수 없는 복잡한 세상에서 당혹감 대신 편안함을 느낄 수
있도록 해주는데, 이는 나선 역학이 사람들에게 각자 그런 사람으로
살아갈 수 있는 권리를 인정할 뿐만 아니라 어떻게 해서, 왜 그런 사람
이 되었는지를 알 수 있는 창문을 열어주고 다른 이들은 어느 단계, 어
떤 수준에 있는지를 알아낼 수 있는 지도를 제공하기 때문일 것이다.

이 책에서 다루는 주요 개념과 용어, 그리고 색깔별(vMEME) 특성 소개
는 '나선 역학 전문가 인증 교육과정' 중 첫 번째 입문과정(Level 1)에 해
당하는 내용으로 구성되어 있다. 이 과정의 내용을 충분히 이해하고 익
히지 않고서는 이어지는 다음 과정(Level 2, Level3)으로 넘어갈 수 없기
때문에 반드시 거쳐야 할 코스이다. 심화과정인 Level 2에서는 나선 역
학이 실생활에서 발생하는 다양한 문제를 진단하고 해결방안을 모색하

나선 역학 모델, 모든 것의 이론

는 데 필요한 내용에 초점이 모아지며, Level 3은 나선 역학을 교육할 전문가를 양성하기 위한 코스로 알려져 있다.

나선 역학에 관한 다양한 자료와 최근 소식 및 교육 프로그램 같은 정보는 https://sdifoundation.com이나 www.spiraldynamicsgroup.com에서 찾아볼 수 있으며, 개인과 팀, 조직 전체의 색깔(수준/단계)을 알고 싶을 경우 www.onlinePeopleSCAN.net, www.jobeq.net, www.valuematch.net 등에서 회원 등록하고 소정의 비용을 지불한 후 검사를 받으면 온라인상으로 결과를 받아볼 수 있다.

끝으로, 이 책을 번역할 수 있는 좋은 기회를 주신 한국NVC출판사의 캐서린 한 대표님과 까다로운 용어와 문장을 다듬고 편집과정 전반을 세심하게 살펴주신 김일수 편집장님에게 고마움을 전한다.

2024년 10월
옮긴이 김철수

1. 머리말

사람 사이에 생동하는 원동력을 이해하려면 사람들에게 생각과 행동을 일으키는 기초 동기를 알아야 한다. 그러려면 생각과 행동 너머를 살펴볼 필요가 있다. **사람들이 모두 동기부여가 된다고 느끼더라도, 동기를 제공하는 원인은 사람마다 다 똑같지 않다.** 조직에서 불거지는 숱한 갈등과 오해와 불화는 다른 사람들도 자신과 똑같은 동기와 욕구를 지녔으리라고 기대하는 마음에서 출발한다. 그러나 대부분 조직 안에서 이런 기대는 사실이 아닐뿐더러, 사실일 필요도 없다. 왜냐하면 생각하고 행동하는 동기와 욕구가 서로 완전히 다른 사람들도 뚜렷한 추진 방향과 목표를 놓고 큰 틀에서 합의를 보면 함께 어우러져 완벽하게 일을 해낼 수 있기 때문이다.

그레이브스와 나선 역학

> 미래를 준비하는 최선책은 우리에게 방향을 제시해줄 잘 만들어진 지도를 손에 넣는 것이다. - 휴스턴스미스

1950년대부터 1980년대에 걸쳐 뉴욕주 유니온 칼리지에서 심리학과 교수를 지낸 클레어 그레이브스Clare W. Graves[1] 박사는 사람들의 욕구란 무

---

1 그레이브스(1914-1986)는 그 당시 심리학 개념이나 이론을 공고히 나지거나 여러 이론이 서로 충돌하며 벌이는 논쟁에 참여하기보다는 독자 노선을 걸으며 연구를 수

엇이며 그들에게 행복감을 선사하는 것은 무엇인지 밝혀내는 연구에 집중했다. 그 결과, 사람의 발달 과정에는 뚜렷하게 구분할 수 있는 몇 가지 단계가 있다는 사실을 밝혀냈다. 이 단계를 '**가치관 체계**value systems'²라고 부를 텐데, 각 단계마다 사람들은 다른 동기와 욕구를 지닌다. **가치관 체계** 하나하나는 특유의 가정환경과 작업환경과도 상호 작용하며 출현한다. 그래서 부족 문화에서 살아가는 사람과 예컨대 공산주의 국가 사람은 서로 사뭇 다른 **가치관 체계**를 형성한다. 이런 **가치관 체계**는 인간의 정신세계가 마주한 환경에서 번창하기 위해 환경에 적응하는 방식을 드러낸다. 인류가 발달할수록 생활환경도 복잡해지고, 그만큼 **가치관 체계**도 점점 얽혀든다.

곁글 1

그레이브스가 1984년 여름 워싱턴DC에서 열린 '세계미래학회'에 참석해 자신의 이론을 발표하며 "나는 이 이론을 '**성인의 생물심리사회 체계 발달에 관한 창발적이고 순환적인 이중나선 모델**'이라고 부릅니다" 하고 설

———

행했는데, 그 결과물이 "성인의 생물심리사회 체계 발달에 관한 창발적이고 순환적인 이중-나선 모델(The Emergent, Cyclic, Double-Helix Model of Adult Human Biopsychosocial Systems)"이다. 그레이브스가 사망하고 10년이 지난 후에 그레이브스의 충실한 지지자였던 벡과 코완이 그의 이론을 '나선 역학(Spiral Dynamics)'이라는 확장된 새로운 모습으로 소개했다.

2 현실의 개념을 정의하고, 가치관에 신념과 행동을 일관되게 묶어주며, 선택과 결정을 내리는 토대가 되는 심층 사고방식을 말한다. 여기서 '체계system'는 상호작용하는 구성 요소들의 집합체, 곧 개별 내용물들이 일정한 원리로 조직되어 통일된 전체를 가리킨다. 가치관 체계는 개인은 물론, 집단, 조직, 사회, 문화에서도 찾아볼 수 있다.

명하는 순간, 일부 청중은 한숨을 쉬거나 헛웃음을 지었고, 나머지도 '세상에, 말도 안 돼!' 하면서 소리를 질렀다고 한다. 아마 알아듣지도 못할 이상야릇한 이론을 만났다는 생각에서 나온 반응이었을 것이다. 하지만 발표가 끝난 뒤에, 참석자들은 "왜 이전에는 아무도 이런 생각을 못 한 거죠?" "왜 이런 훌륭한 이론이 여지껏 널리 알려지지 않은 걸까요?" 같은 질문을 던지며 "이 모델은 그동안 우리가 해결하지 못했던 대단히 어려운 수수께끼 중 몇 가지를 풀 수 있는 귀중한 열쇠입니다"라고들 말했다고 한다.

'**나선 역학**'은 그레이브스의 충실한 지지자였던 벡과 코완이 그레이브스가 명명한 긴 명칭을 대신해 새롭게 만든 이름이다.

- '**나선**Spiral'은 사람들의 다양한 세계관과 그 특징이 발달하는 창발적 과정이 '나선 구조'를 띤다고 해서 붙은 용어다. 그래서 그레이브스 모델의 '이중-나선'에 비유할 수 있다. 이 '나선 구조'는 외부 세계와 내부 자기 사이의 초점을 바꿔가며 외부 세계와 내적 중추신경계가 상호작용하는 과정에서 이전 상태 위에 새로운 상태가 나선 형태를 띠며 창발적으로 출현한다.

- '**역학**Dynamics'은 인간이 진화하고, 성장하고, 변화해가는 과정에 작용하는 에너지의 역동성을 의미한다. 이 관점에서 보면 인간은 고정되어 있지 않고, 이미 완성되거나 결정되어 있지도 않다. 또한 역학은 사람들이 지닌 표면적인 태도, 가치관, 신념, 욕구라는 내용물보다는 이것을 담아내는 사고 체계인 심층 가치관 체계, 곧 메타-밈에 초점을 맞춘다.

가치관 체계의 특징

가치관 체계	내적 동인	사회	작업 환경
보라 가부장 친족, 안전, 안정	**신조:** 전통과 관습이 우리의 꾸준한 생존을 보장한다 **태도:** 동료와 함께 있을 때 안전감을 느낀다 **특성:** 보살핌, 손재주, 행동하기, 실질적 적응 **팀의 실천 가치:** 충성심과 사회적 유대가 우리의 힘을 결정한다 **위험성:** 트집 잡기를 좋아함, 과거 지향적인 삶	**원래 모습:** 수렵·채집인·유목민, 가족 기반의 종족 관계 **현재 모습:** 가족, 동호인 모임, 이웃, 공동체	소규모 가족 사업, 숙련된 기술이나 관리에 특화된 특권적 팀, 사교 클럽
빨강 사령관 의지력, 활동 및 열정	**신조:** 뜻이 있는 곳에 길이 있다 **태도:** 지배할 것인가, 지배당할 것인가 **팀의 실천 가치:** 모든 것은 강력한 리더십이 존재하느냐에 달렸다 **특성:** 용기, 결단력, 단호함 **위험성:** 기회주의, 남자다움을 과시하는 거친 행동, 충동적, 이기주의, 따돌림	**원래 모습:** 전투적인 부족, 권력자와 그 일족, 제멋대로인 상태, 독재 권력 **현재 모습:** 군사행동, 저항 및 해방 집단, 강렬한 스포츠, 갱단	정치적 공간/영역, 특별 전문위원회, 행동 조직, 옹호 집단
파랑 감독관 질서, 안정성, 도덕성	**신조:** 행동하기 전에 생각하라 **태도:** 책임감을 가지고 일한다 **팀의 실천 가치:** 모든 사람은 커다란 계층 시스템의 한 부분이다 **특성:** 성실성, 올바름, 정의로움 **위험성:** 관료주의, 잘잘못을 따지고 듦, 고지식함, 차별적(우리 편 대 다른 편)	**원래 모습:** 봉건국가, 계급사회, 원(院), 단체(society), 군주제 **현재 모습:** 국가주의적 국가, 지역적 정체성, 교회 공동체	공식 기관, 계층과 라인으로 위계가 잡힌 조직

나선 역학 모델, 모든 것의 이론

가치관 체계	내적 동인	사회	작업 환경
오렌지 **기업가** 자기표현, 성공 중심, 합리성	**신조:** 최종 결과가 가장 중요하다 **태도:** 모든 기회를 놓치지 않고, 이기기 위해 최선을 다한다 **팀의 실천 가치:** 경쟁과 실적에 따른 보상이 성공의 조건이다 **특성:** 이상, 혁신적, 힘과 권력의 획득 **위험성:** 냉정하고 사무적, 결과 지향, 밀어붙이기, 감성 결핍, 나쁜 패배자	**원래 모습:** 산업사회, 실력주의 **현재 모습:** 민주주의와 자유 시장, 복지국가, 지식 경제	전략적이고 이윤 중심의 사업장, 자기 주도적이고 경쟁적인 팀
초록 **공감 능력을 갖춘 인력 관리자** 감수성, 조화, 공동체 결속	**신조:** 억지로 풀을 자라게 할 수는 없다 **태도:** 길이 곧 목적지 **팀의 실천 가치:** 모든 사람은 평등하고 동등하다 **특성:** 과정 지향, 공감 능력, 이상적 **위험성:** 모호성, 감상적, 전원 참여, 지체된 의사결정	**원래 모습:** 다문화사회, 복지국가 **현재 모습:** 시민사회, 참여사회	민간 조직(NGO), 자율 조종 팀, 비영리/자선단체, 사회봉사
노랑 **예지적 몽상가** 상승효과, 체계적, 통합적	**신조:** 생각은 세계적으로, 행동은 지역적으로 **태도:** 꼭 해야 할 상황이라면 역할을 맡아 수행한다 **팀의 실천 가치:** 대체로 자율적인 전문가들이 모여 협업한다 **특성:** 자율적, 갈등하는 가치관 체계를 잘 다룸, 적절한 때를 기다림 **위험성:** 이해하기 힘듦, 독단적, 일을 어렵게 만듦	**현재 발현 중:** 지속 가능한 사회, 순환적 공유 경제	부문 간 네트워크, 협업, 분산된 책임

그레이브스의 연구를 이어받은 돈 벡Don Beck[3] 박사와 크리스 코완Chris Cowan[4]은 가치관 체계의 발달 모델을 '**나선 역학**'이라는 용어로 등록하고, 앞쪽 도표와 같이 가치관 체계 각각에 특정한 색채를 입혔다. 이 도표에서는 그레이브스가 설명한 8가지 가치관 체계 중 6가지를 보여주는데, 이는 조직 안에서 일반적으로 찾아볼 수 있는 가치관 체계다.

그레이브스의 연구는 개인과 사회의 상호작용, 그리고 개인과 작업환경의 상호작용을 분석하는 데 두루두루 적용할 수 있다. 작업 조건과 환경이 다른 조직에서는 다른 **가치관 체계**가 번성할 가능성이 크다. 예를 들어 치열한 경쟁을 지향하는 정신세계(오렌지색 가치관 체계)가 발달한 사람은 조화를 중시하는 **녹색** 조직보다 영업 성과를 강조하는 '**오렌지색**' 조직에서 더 편안함을 느낄 것이다.

남아프리카공화국에서 아파르트헤이트(인종 격리 정책)[5]가 불러온 사회 분열을 연구하던 벡 박사는 가치관 체계의 성질과 효과가 남아프리카공화국 사회의 미래를 형성하는 데 매우 중요할 수도 있다는 통찰을

---

3 텍사스주립대학 교수였던 벡(1937-2022)은 1975년 《퓨처리스트》에 실린 그레이브스의 논문을 읽고 개인적으로 그를 만난 뒤, 같은 대학의 교수였던 코완과 함께 1986년에 그레이브스가 사망할 때까지 가까이서 연구했다. 1980년대와 1990년대에 남아프리카를 60여 차례 방문하며 그레이브스의 모델을 다양한 프로젝트에 적용했고, 이런 경험이 '나선 역학' 모델을 개발하는 동기가 되었다.

4 《나선 역학》(1996)의 공저자인 코완(?-2015)은 그레이브스의 연구 논문과 글을 모아 두 권의 책(《인간의 존재 수준Levels of Human Existence》(2004)과 《끝없는 탐구Never Ending Quest》(2005))를 출간했다.

5 남아프리카공화국의 극우 국민당 정권이 1948년에 법률로 채택한 정책으로, 백인과 유색인종 사이에 차별을 두었다. 1994년 넬슨 만델라 대통령이 완전히 폐지했다.

나선 역학 모델, 모든 것의 이론

얻었다. 사람들 사이의 차이를 무시하고 사람들을 일반화하는 아파르트헤이트가 외적인 인종 특징(피부색)에 찍은 낙인을 극복하기 위해, 벡은 **가치관 체계**마다 새로운 색채를 도입했다. 그렇게 해서 사회에 작동하는 다양한 **가치관 체계**를 구분할 수 있었고, '흑인' '유색인' 대 '백인'으로 굳어진 고정관념을 뛰어넘을 수 있었다. 벡이 가치관 체계에 입힌 색깔은 **베이지**(beige), **보라**, **빨강**, **파랑**, **오렌지**, **초록**, **노랑**, **청록**(turquoise)으로 모두 8가지인데, 이 중 앞에 있는 6가지는 현대사회에서 대부분 이미 집합적으로 발달한 가치관 체계다. 앞으로 알게 될 테지만, 복잡한 사회문제를 진단하고 그 뒤에 숨은 역동성을 파악해서 적절한 대처 방안을 마련하려면 **가치관 체계**를 꿰뚫는 통찰은 필수 요건이다.

곁글 2   나선 역학의 가치관 색깔은 어디서 나왔을까?

그레이브스는 자신의 이론에 색깔을 사용한 적이 없다. 대신 단계와 수준을 구분해서 AN, BO, CP와 같이 영문 철자로 표기했다(앞에 있는 철자(A, B, C…)는 '생활조건'을, 뒤에 있는 철자(N, O, P…)는 그 조건에 대응해서 발달한 '정신 능력'을 나타낸다). 색깔 체계는 크리스 코완이 그레이브스의 존재 수준 이론을 가르치기 위한 강의 보조용 슬라이드를 제작하면서, 흑백보다는 좀 더 매력적인 색채로 눈길을 사로잡으려고 도입했다. 그래서 사용된 색깔에는 특별한 형이상학적 의미나 신비로운 의도는 전혀 없다. 그렇긴 해도 색깔의 순서와 각각의 대략적인 특성을 기억하는 데 아래에 든 비유가 얼마간 도움이 될 것이다.

- **베이지색**: 대초원의 시든 풀의 빛깔과 생존 투쟁
- **보라색**: 왕이나 특권 계층의 색이자 인류 최초의 염색 빛깔
- **빨간색**: 피와 강렬한 감정 에너지
- **파란색**: 하늘과 천국
- **오렌지색**: 용광로에서 펄펄 끓는 쇳물
- **초록색**: 식물과 자연 상태
- **노란색**: 태양 에너지와 생명력
- **청록색**: 우주에서 바라본 지구 전체의 색깔

배열된 색깔을 눈여겨보면, 따뜻한 느낌의 색채와 차가운 느낌의 색채가 교대로 등장한다는 사실을 알 수 있다. 난색 계열 색깔(**빨간색, 오렌지색, 노란색**)은 외부 세계와 그 세계를 어떻게 탐구하고 변화시킬 것인가에 초점을 맞추고 자기표현을 하는 삶의 방식('나'를 지향하는 방식)을 나타낸다. 그런가 하면 한색 계열 색깔(**파란색, 초록색, 청록색**)은 내면세계와 그 세계를 어떻게 안정시키고 평화롭게 유지할 것인가에 초점을 맞추고 자기를 희생하는 삶의 방식('우리'를 지향하는 방식)을 드러낸다. 물론 같은 계열 색깔이라도 출현하는 순서(발달 수준)에 따라 표현 방식은 퍽 다르게 나타난다(예컨대 똑같이 '나'를 지향하더라도 자기중심적인 **빨간색**은 성취를 지향하는 **오렌지색**과는 다르게 '나'를 표현한다). 사람들은 대부분 양쪽 색깔이 섞인 상태, 그러니까 하나의 색깔에서 다른 색깔로 넘어가는 과도기를 살아간다. 한 사회가 개인주의에서 집합주의로 갔다가, 다시 개인주의로 돌아오는 과정은 사회 구성원 중 다수의 **가치관 체계** 색깔이 출현하는 순서와 관련지어 생각해볼 수 있다. 이런 경향은 그레이브스의 '창발적, 순환적, 이중나선' 이론에서 '순환적'인 면에 해당한다.

2. 가치관 체계, 밈 그리고 가치관 메타 밈

리처드 도킨스[6]는 1976년에 출간한 저서 《이기적 유전자》에서 유전자가 인간에게 영향을 주는 유일한 자기-복제자가 아니라는 점을 강조하고, 인간의 마음을 숙주로 삼는 또 다른 자기-복제자인 문화 단위를 설명하기 위해 **밈**meme이라는 용어를 만들어냈다. 이 용어는 '흉내내다/모방하다'를 뜻하는 고대 그리스어 mimeme에서 따왔는데, **진**gene처럼 단음절로 발음되는 명사를 만들려고 간략하게 **밈**으로 줄였다. 오늘날에는 정보와 문화를 다루는 연구를 '**밈** 연구' 또는 '문화구성요소학memetics'[7]이라고 부른다. 블랙모어[8]와 칙센트미하이[9] 같은 학자들은 이

---

6 영국의 동물행동학자이자 진화생물학자이며, 영국과학발전협회 생물학 부문을 이끌고 있다. 유전자를 중심으로 진화를 바라보는 관점을 대중화하고 **밈**이라는 용어를 도입한 저서 《이기적 유전자》를 출간해 대중과학 저술가로서도 널리 알려졌다. 무신론자이며, 철저한 인본주의자에 회의주의자, 과학적 합리주의자이기도 하다.

7 문화의 자기 복제 단위를 밝혀내는 연구로, 문화 단위인 '**밈**'에 기반을 둔 문화 진화 이론이다.

8 수전 제인 블랙모어Susan Jane Blackmore는 영국의 작가이자 방송인, 심리학자이며 《전자저널Journal of Memetics》의 편집이사로 활동하고 있다. 밈이란 용어를 처음 사용한 리처드 도킨스가 서문을 쓴 《밈 머신Meme Machine》(1999)에서 "우리 선조들이 행동을 모방하기 시작할 때 이미 두 번째 복제자가 출현했다.…… 선조들은 문화 속에서 **밈**을 복제, 변형, 선택하는 **밈** 머신으로 공동 진화했다"고 주장하며, **밈**의 개념을 더욱 구체적으로 확장했다.

9 미하이 칙센트미하이Mihaly Csikszentmihalyi(1934-2021)는 헝가리 출신의 미국 심리학자다. 특히 '행복, 창의성, 몰입' 등을 연구하며, 긍정심리학에 기여했다. 저서인 《진화하는 자기Evolving Self》(1993)에서 신체적 특징을 결정하는 유전자와는 달리, 인간의 사고방식과 행동의 기원을 밝혀내려는 시도로서 도킨스의 **밈** 개념을 사용했다.

밈(Memes)

밈의 개념을 더 확장해서 사용했다. **밈**은 사람들 사이에서 의식rituals이나 이야기, 언어, 상징, 노래, 습관성 행동 등을 타고 전파된다. 형태가 간단할 수도 복잡할 수도 있는데, 간단한 **밈**의 아주 좋은 예를 들자면 전 세계 어느 호텔에나 있는 화장실의 휴지 접는 방식이다. 뉴욕 중심부에 있는 호텔에서건 아프리카 숲속에 있는 오두막 숙소에서건 똑같은 방식으로 접힌 휴지를 볼 수 있다. 아무도 휴지 접는 방식을 전파하려고 애쓴 적이 없는데, 퍼져 나가는 기세를 멈출 수도 없어 보인다. 그 자체로 생명력을 지닌 듯싶다. 좀 더 복잡한 **밈**으로는 음악, 용모, 행동 등을 규정하는 펑크스타일을 들 수 있다.

펑크족은 세계 곳곳에서 볼 수 있는데, 아시아 펑크족도 유럽 펑크족과 모습이 흡사하다. **밈**이 순식간에 복제되는 데는 인터넷이 큰 몫을 한다. 한 예가 루게릭병(ALS)이라는 질환을 알리고 기금을 모으기 위해 시작한 '얼음물 붓기 캠페인Ice Bucket Challenge'이다. 이 도전은 계속 이어

나선 역학 모델, 모든 것의 이론

지길 바라는 마음에서 시작되긴 했지만, 일단 '입소문'이 퍼져 나간 순간 제안자들의 통제를 벗어났다. 사회 인사와 정치인들 다수를 포함해 세계 곳곳에서 점점 많은 사람이 동영상을 찍어 올렸기 때문이다. 도킨스는 "유전자gene가 생물학적 DNA라면, **밈**은 문화적 DNA"라고 설명한다. 물론 유전자의 모든 속성이 **밈**에 적용되는 건 아니라고 분명히 밝혔지만, 단지 비유만이 아니라 기술적으로도 **밈**을 살아 있는 구조로 봐야 한다고 언급했다.

돈 벡은 그레이브스의 연구와 밈 연구를 결합해서 **메타-밈**vMEMEs[10]이라는 용어를 만들어냈다. 유전자가 우리의 생물적 특징을 형성하듯이, 우리 문화를 이루는 건 이들 **가치관 체계**다. **메타-밈**은 우리 삶의 모든 면에 영향을 끼치며, 생활조건을 다루는 방법을 결정짓는 내면 가치관으로 작용한다. 스스로 자신을 복제하는 **메타-밈**은 사람 마음을 숙주로 삼아 바이러스처럼 행동한다. 일단 사람 마음에 특정 **메타-밈**이 자리를 잡아서 더 복잡한 **가치관 체계**를 발달시켰더라도, 생활조건이 바뀌어 이전 체계가 필요해지면 그때 발달한 이전 **메타-밈**도 다시 활성화될 수 있다.

---

10 벡과 코완이 《나선 역학》을 공동 집필하면서 새롭게 만들어낸 개념으로, '개별 **밈**(가치관)을 끌어당기는 **메타-밈**(values attracting meta-meme)'을 줄인 말이다. 그레이브스가 사용한 삶의 우선순위, 세계관, 현실 조망의 틀을 짓는 생물-심리-사회적 체계로서의 '**가치관 체계**'와 같은 개념이다. 다양한 개별 **밈** 또는 가치관과는 달리, 개별 밈을 끌어당겨 흡수하거나 적합하지 않은 **밈**은 밀어내는 힘으로 작용하는 조직화 원리를 말한다. 개별 **밈**이 내용물이라면 **메타-밈**은 내용물을 담는 그릇, 또는 그 그릇에 꼭 맞는 특정 내용물만 끌어당기는 힘(그렇지 않은 내용물은 밀쳐내는 힘)이라고 할 수 있다.

생활조건은 **메타-밈**이 스스로 자신을 복제하는 능력을 가꾸는 비옥한 토대다. 생활조건이 변화해서 불거진 새로운 실존 문제들을 다른 능력으로 해결할 필요가 생기면, 기존 **메타-밈**을 사용하는 빈도는 줄어든다. 새로운 문제들을 해결하려면 이전보다 복잡한 새로운 **메타-밈**이 필요해지고, 이 새로운 **메타-밈**은 개인과 사회 안에서 지배적인 위치로 올라선다. 낡은 **메타-밈**이 설 자리를 잃고 새로운 **메타-밈**으로 대체되는 과정에서 이런저런 혼란이 일 수 있다.

문화와 가치관 체계를 연구할 때는 **메타-밈**이 사람들에게 막강한 영향력을 미친다는 점을 인식할 필요가 있다. 이 부분을 좀 더 잘 이해하기 위해, 사람들이 **보라색 메타-밈**으로 살던 시절로 거슬러 올라가보는 것도 좋을 듯싶다. 그때는 사람이 생존하기 어려운 생활조건이었기 때문에, 야생동물과 다른 부족들에 맞서 자신을 보호하기 위한 안전장치로 사람들은 부족이라는 집단을 형성했다. 모든 것은 부족의 생존에 초점이 맞춰졌고, 모든 구성원은 부족의 의식과 규칙, 사회구조에 복종해야 했다. 만일 그렇지 않으면 쫓겨나는 위험을 감수해야 했다. 다른 복잡한 **메타-밈**들보다 훨씬 오래도록 **보라색 메타-밈**으로 살아갔기에, 우리 안에는 순순히 집단을 따르는 문화적 DNA가 깊이 새겨졌을 것이다. 그래서 우리는 지금도 여전히 집단행동에 적응하려는 습성이 있는데, 이런 습성은 거의 무의식적으로 작동한다. 새로운 직장에 들어가면 우리는 어떤 옷을 입고, 동료들에게 어떻게 다가가고, 상사에게 어떻게 행동하고, 점심은 어떤 식으로 해결하는지 등등을 관찰하고 거기에 적응하려고 노력한다. 이 과정에서 이런저런 습성이 작동하겠지만, 우리

는 거의 알아차리지 못한다. 그렇게 사실상 우리는 집단 문화에 흡수
된다.

생활조건

> 우리가 살아가는 방식 때문에 불거진 문제들은 무엇보다 그 문제를 불러
> 온 똑같은 사고 수준에서는 해결할 수 없다. - 알베르트 아인슈타인

그레이브스는 생활조건이 변화하면 거기에 반응해서 **가치관 체계**가 제
각기 어떻게 출현하는지 설명한다. 한 **가치관 체계**가 성공을 거두고 성
장을 이어가면 이전에 없던 새로운 문제와 새로운 생활조건을 만들어
내기도 한다. 기존에 있던 **가치관 체계**는 새롭게 나타난 문제와 생활
조건에 대처할 해법이 없기 때문에, 새로운 능력을 갖춘 새로운 체계가
등장하게 된다. 그래서 **보라색** 체계는 안전을 제공하고 부족이 확장해
나가는 데 기여했으나, 부족 간에 생활공간과 사냥 영역을 두고 경쟁
하는 새로운 문제를 몰고 왔다. 각 부족은 저마다 스스로를 보호해야
했고, 이런 점이 **빨간색** 가치관 체계가 출현하게 된 원동력 중 하나였
다. 연장자 집단이 부족을 이끄는 대신에 특정한 유형의 우두머리가 권
력을 독점하고서 부족의 지도자로 등장했다. 이 지도자는 전쟁을 수단
으로 삼아 부족의 이해관계를 더욱 확고히 보호할 수 있었고, 다른 부
족들도 통합할 수 있었다.

이런 역동적인 순환 과정은 역사를 거치며 나타나는데, 현시대에노 여

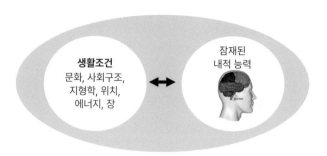

전히 매우 타당하다. 오늘날 우리는 **오렌지색** 가치관 체계가 성공을 거두며 일으킨 (여러 사안 중) 기후변화 문제로 생존에 큰 위협을 받고 있다. 성장과 개인의 성공에 초점을 맞춘 **오렌지색** 사고방식으로는 기후변화 문제를 해결할 수 없기 때문에, 우리가 생존을 이어가려면 새로운 유형의 사고방식(정신 능력)을 개발해야 한다.

새로운 **가치관 체계**가 등장한다는 말은 우리의 사고방식/정신세계가 새로운 능력을 발달시켜야 한다는 의미이기도 하다. **보라색**에서 **빨간색**으로 진화하는 동안 자아 심리가 발달했고, 이 과정에서 지도자 한 사람이 부족의 통솔력을 발휘할 수 있게 되었다. 그러나 **빨간색**에 젖어든 사람들은 죄의식을 느끼지 못한다(그래도 수치심은 느낀다. 수치심은 스스로와 부족에게 체면을 잃는 데서 오는 두려움과 관련이 있다). 죄의식이라는 내적 능력을 발달시키려면 양심과 그 토대가 되는 옳고 그름을 판단하는 사고방식인 **파란색** 체계가 필요하다. 죄의식을 느끼는 단계에는 **파란색** 체계가 매우 중요하기 때문이다.

나선 역학 모델, 모든 것의 이론

다른 생활조건들도 새로운 **가치관 체계**가 발달할 것인지, 만일 그렇다면 언제일지 가늠할 뿐만 아니라, 가치관을 표현하는 방식에도 영향을 끼친다. **빨간색** 가치관 체계가 발달하는 동안 숱한 투쟁과 갈등이 있었다. 예를 들어 네덜란드 사람들은 자신들이 살던 (인공) 섬의 안전을 아무렇지도 않게 포기했는데, 이런 선택이 사실상 농사지을 땅이 없는 비교적 고립된 상태를 불러오는 바람에, 사람들은 생존을 위해 무역에 뛰어들 수밖에 없었다. 이런 모습은 오늘날에도 찾아볼 수 있다. 네덜란드가 엄청난 군사력을 보여줄 수는 없지만, 네덜란드 무역업자들은 다른 나라와 거래할 때 꽤나 사나워지기도 한다. **빨간색** 체계는 네덜란드의 군사적인 전투 능력보다는 확실히 상인 정신에 더 깊게 뿌리내렸다.

생활조건을 분석할 때는 다음 사항을 고려해야 한다.

- **역사적 시대**: 시기, 시스템, 세대, 순환, 날짜, 달력, 전기傳記, 국면, 과거·현재·미래를 바라보는 감각
- **지리적 위치**: 기후조건, 전자파 변화, 자연 주거지(얼음, 사막, 우림, 도시, 마을), 건축물, 인구밀도, 외적 자극의 성질과 양, 공기·토양·음식의 화학물질과 미네랄, 빛의 근원과 유형, 기후 차이
- **인간 문제**: 생존 문제, 의·식·주, 위협과 안전 정도, 의사소통과 언어, 공동체의 과거, 해결되지 않은 역사 문제, 질병과 전염병, 사회 질서를 어지럽히는 예측할 수 없는 요소
- **사회적 상황**(관계성, 권력, 영향력, 권위): 사회적 역할, 기회 접근성, 사회경제적 계층, 대인 관계의 역동성, 정치 체계, 가족 유대감, 외적 모습과 허용도

건강한 생활환경과 그렇지 못한 생활환경

일차적인 욕구를 충족하기에 이제 더는 적합하지 않은 생활환경 속에 있으면 스트레스와 불만이 쌓인다. 네덜란드로 이민 온 사람들은 적응하는 과정에서 종종 어려움을 겪는데, 욕구가 다른 생활조건에서 살았던 사람들은 특히 그렇다. 예를 들어 모로코 아틀라스산맥 지역 문화 출신인 **보라색/빨간색** 이민자들은 튀르키예 도시 문화 출신인 **파란색/오렌지색** 이민자보다 **파란색/오렌지색/초록색** 네덜란드 문화에 통합되는 데 훨씬 많은 어려움을 겪는다. 물론 이민자가 아닌 네덜란드 토박이들도 가치관 체계가 다른 사람이나 조직과 마주할 일이 있을 텐데, 특히 조화와 합의를 중시하는 **초록색** 사고방식을 지닌 사람이 오로지 성공만을 앞세우는 **오렌지색** 조직에서 일하게 되면 큰 어려움을 겪기 마련이다.

이런 스트레스는 변화 단계로 표현할 수 있으며 스트레스를 부르는 개인과 생활환경의 부조화를 평가하는 데는 '밸류매치 변화 프로파일'[11]을 적용할 수 있다.

기존 가치관 체계의 전환

우리는 마주치는 환경마다 적합한 **가치관 체계**로 전환하는 일에 별다

---

11 밸류매치에서 개발한 평가도구로서 개인 내에서 변화 과정이 어떻게 펼쳐지는지 알 수 있게 해주는 변화평가검사의 점수화된 결과 보고서이다.

른 어려움을 느끼지 않는다. 우리 직업은 우리 내부에서 **오렌지색** 사고 방식을 불러내고, 스포츠클럽은 우리의 **빨간색** 욕구에 호소하며, 우리 가 집에서 아이들과 함께 놀 때는 어렵지 않게 **보라색** 체계로 바뀐다.

조직의 생활조건과 작업조건

그레이브스의 연구는 개인이나 집단이 상위 **가치관 체계**로 발달하는 데 얼마나 많은 시간이 필요한지 보여준다. 상위 단계로 발돋움하는 과정은 많은 시간과 노력이 드는 지난한 일이며, 그나마도 거기에 관심 을 보이는 적절한 시기여야만 상위 단계로 나아갈 수 있다. 만약 조직 이라면, 외부 압력이나 지시로는 결코 상위 **가치관 체계**로 올라서게끔 유도할 수 없다는 점을 이해하는 노력이 매우 중요하다.

그래서 조직을 건강하게 가꾸는 방안은 사람들의 내적 욕구에 적합한 올바른 작업환경을 제공하는 일에 초점을 맞춰야 한다. 물론 조직 인 력을 욕구가 서로 다른 사람들로 구성할 수도 있다. 일이 가져다주는 성장 기회(오렌지색)를 보고 의욕을 느끼는 직원이 있는가 하면, 다른 직 원은 특히 소속 팀이나 조직이 사회에 기여(초록색)하는 부분을 보고 기 꺼이 사람들과 함께 일을 할 수도 있다. 그래서 가치관 공유를 목표로 잡는 프로그램에서는 여러 가치관 중 어느 하나에 지나치게 집착하면 부정적인 효과가 나타날 수 있다.

사람과 생활조건이 어떻게 서로 영향을 주고받는지 이해하면, 조직 문 화에서 **가치관 체계**를 더 건강하게 표현하기 위한 해결 방안을 실행할 수 있다. 이런 개입 활동은 변화하도록 사람들을 압박하지 않고, **가치관 체계**의 다른 측면을 표현하도록 기회를 제공하는 간접 접근법이다.

마지막으로, 어떤 능력은 좀 더 복잡한 **가치관 체계**의 일부로만 발달할 수 있다는 점을 인식해야 한다. 예를 들어 **오렌지색** 구성원은 여러 작업 일정을 동시에 소화하면서도 구체적인 결과를 끌어내야 하고, 팀 구성원들이 상사 한 명이 아닌 여러 선임자와 협업해야 하는 **오렌지색** 시스템에서 체계가 잡힌 프로젝트식 작업 과정을 반길 가능성이 있다. 반면에 위계질서가 뚜렷한 환경, 늘 상사 한 명에게만 보고하고 과제들이 잘 짜여 있는 작업환경에서 편안함을 느끼는 사람은 **파란색** 가치관 체계일 가능성이 크다. 이런 사람들을 프로젝트 팀에서 일하도록 배치하면, 그들의 자연적인 성향과 도통 맞지 않아서 마찰을 일으킬 수 있다. 이들에게는 과제 중심의 작업을 제공하는 편이 낫다. 프로젝트 중심의 작업은 과정이 대단히 복잡해서, 외부 지시로는 그 작업에서 요구하는 내적 변화를 일으키지 못할 가능성이 크기 때문이다.

3. 변화의 역동성

생존하는 종은 가장 강하거나 가장 똑똑한 종이 아니라, 환경 변화에 가장 잘 적응한 종이다. - 찰스다윈

개인이건 집단이건 일반적으로는 변화가 특별히 필요하다고 인식할 때만 변화할 것이다. **나선 역학**에 담긴 변화의 역동성에 비추어, 우리는 자신의 욕구와 사고와 행동 패턴이 자신이 마주한 상황과 더는 맞지 않을 때 변화의 필요성이 나타난다고 규정한다. 예를 들어 건강 문제, 배우자 또는 가족 문제, 자국 환경이나 작업환경 때문에, 아니면 사회 전반의 일반적인 발전 때문에 어떤 변화를 겪게 되면 그 필요성이 나타날 수 있다. 이런 상황은 꼭 그렇다고는 할 수 없지만, 덜 복잡한 체계에서 더욱 복잡한 체계로 넘어가는 변화를 의미한다. 이와는 달리, 영향을 받은 사람이 자신의 내적 욕구에 걸맞은 새로운 생활환경을 찾으려 할 가능성, 이를테면 이사를 간다든지 이혼을 한다든지 새로운 직업을 찾을(그래서 자신의 주된 가치관 체계에 생활환경을 맞출) 가능성도 있다.

그레이브스는 '변화의 역동성'과 '나선 구조의 진화 과정'을 연구한 부분이 '가치관 체계' 자체보다 더 중요하다고 강조한다. 코칭 및 조직 개발 분야와 관련지어보면, 그레이브스 그리고 백과 코완의 연구에서 핵심은 변화와 진화 과정이라는 점을 잘 알 수 있다.

개인이나 집단이 어떤 변화 과정을 거치는지 보여주는 지표가 변화 상태change states인데, 우리는 이를 여섯 단계로 구분해서 살펴보려고 한다.

- **알파**: 안정, 균형, 만족
- **베타**: 불확실, 동요, 눈앞에 닥친 변화
- **플렉스**Flex[12]: 격동적 변화, 혁신, 기꺼이 변화하려는 마음
- **감마**: 침체, 혼란, 절망감, 꽉 막힌 느낌
- **델타**: 돌파, 열정, 의욕의 분출
- **새로운 알파**: 새로운 안정, 만족

이런 변화 상태는 오른쪽 그림과 같이 설명할 수 있다. 수직 축은 현재 상황의 조화 정도를 나타낸다. 여기서 사용한 기호(알파, 베타 등)는 돈 벡과 크리스 코완이 **나선 역학**에서 사용한 기호와 같다. **알파와 새로운 알파**에서는 높은 수준의 조화로움, 곧 안정된 상태를 볼 수 있고, 가장 큰 불화나 부조화는 **감마** 상태에서 일어난다.

수평 축은 변화 과정에서 차지하는 위치를 나타낸다. 다시 말해, 덜 복잡한 가치관 체계에서 더욱 복잡한 가치관 체계로 진행하는 과정을 보여준다. 이 과정에는 하나의 **가치관 체계** 안에서 불어닥치는 격렬한 변화가 뒤따르기도 한다. 다만, 이 수평 축은 직선으로 나아가는 시간 축이 아니라는 점, 그리고 이 과정을 완수하는 모습은 사람마다 다를 수 있다는 점을 유의해야 한다.

---

12 벡과 코완의 나선 역학에서는 'Reform(개선, 개혁)'이라고 한다. 이 상태는 반드시 통과해야 하는 단계라기보다 감마의 함정에 빠지기 전에 고려할 수 있는 몇 가지 선택지 중 하나다.

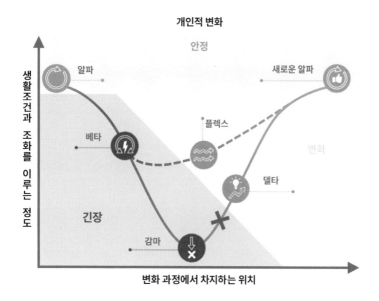

개인적 변화

안정

알파

새로운 알파

생활조건과 조화를 이루는 정도

베타

플렉스

변화

델타

긴장

감마

변화 과정에서 차지하는 위치

알파

알파와 **새로운 알파**는 안정된 상태를 나타낸다. 생활조건과 거기에 보이는 반응이 서로 딱 들어맞는다고 해서, 이런 상황을 '**알파** 부합Alpha Fit'이라고 부른다.

베타

변화 과정은 종종 현재 조건(알파)이 무너지면서(베타) 일어난다. **베타** 단계는 외적 생활조건이건 내적 반응이건 간에 시스템 안에서 무언가가 변화하기 시작했다는 사실을 보여준다. 그래서 현재 상황이 당사자와 그가 마주한 생활조건 중 어느 쪽에서건 불안정해지고 있다는 점과 그

둘 사이의 긴장감이 높아지고 있다는 점을 반영한다.

행동이나 사고방식이나 외부 생활조건에서 비교적 사소한 변화만 일어나도, 현재 상황은 다시 안정을 되찾을 가능성이 있다. 그래도 여전히 **베타** 느낌이 계속된다면, 더 큰 변화가 필요하다. 기존에 대응하던 방식으로는 이제 더는 적합하지 않다. **베타** 상황에 대응하는 일반 해법이 몇 가지 있는데, 그중 하나가 상황을 그저 '무시'하는 방법이다. 하지만 대개 속삭임처럼 작은 소리로 시작되는 **베타** 상황을 '무시'하면, 머리를 심하게 두들겨 맞는 기분이 들 때까지 그 소리가 점점 거세지기도 한다. 변화를 잘 받아들이지 못하는 사람이라면, 종종 **베타** 상황을 해결해서 안정된 원래 상태로 돌아가겠다는 희망을 안고 자신의 낡은 대응책을 더 열심히, 때로는 이전보다 두 배 이상 열심히 밀어붙이기도 한다. 그들은 조건이 변화했기 때문에 '낡은 방식'은 이제 적합하지 않을뿐더러, 그런 방식으로는 안정된 예전 상태로 되돌아갈 수 없다는 사실을 알아차리지 못한다. 이렇게 되면 대개는 실제로 상황을 더 악화시키며 더 깊은 **베타** 상황으로 몰고 가지만, 그렇다고 꼭 나쁘지만은 않다. **베타** 상황에 머물면서, 여전히 모든 일이 정상적으로 돌아가던 지나간 옛 시대를 떠올리며 향수에 젖어 살 수도 있다.

플렉스(융통성 있는 개선)

플렉스는 마치 롤러코스터를 탄듯이 빠르고 연속해서 변화가 일어나는 상황을 가리킨다. **플렉스** 단계에 오면 이전 상황으로부터 감정이 분리되어 초연해진다고 추정하는데, 그러면 새로운 상황을 온전히 받아들일 수 있게 된다. 융통성 있는 **플렉스**는 혁명적인 **감마**와 비교해서 종 종 진화적인 길이라고 부른다. 이 길은 조화롭지 않은 느낌을 누그러 뜨리면서 더 큰 변화를 가능하게 해준다. 하지만 격렬한 변화가 철저하 게 일어나야 하는 상황에서는 **플렉스**로 성공을 거두는 사례가 무척 드 물다. 근본적으로 **가치관 체계** '사이'에서 전환이 일어나야 하는 상황 에서는 결코 성공할 수 없다. 그래서 격렬한 변화가 빈틈없이 휘몰아치 는 과정에서는 **감마** 상태를 겪을 수밖에 없다.

감마

감마 상태는 자신이 조화롭지 못한 생활에 적응하려고 애쓰고 있다는 사실을 인식하면서도 옴짝달싹할 수 없다고 느끼기에, 긴장감이 고조 되는 국면이다. 이런 변화의 국면에서는 거의 모든 에너지를 현상 유지 에 사용하기 때문에 사실상 다른 곳에 관심을 기울일 여유가 없다. 내 적으로는 어떤 변화도 가능하지 않다는 낙담과 실망감에 젖어 계속 긴 장감이 고조될 수 있다. **감마**라는 함정에 빠져들면 얼마간 장애물을 맞닥뜨려서 (거의 전반적인) 무력감에 휩싸이기 때문에 어려운 시기다. **감 마** 국면의 특징은 예전(알파) 상태로 돌아가는 일은 벌어지지 않으리라 는 걸 인식한다는 점이다. 장애물은 형태와 크기와 강도가 폭넓게 달 라질 수 있으며, 외부에서뿐만 아니라 내부에서도 인식할 수 있다. 안 팎으로 꽉 막힌 장애물이 존재하기도 한다. 그런데 바로 이 시점에서 외적인 생활조건이나 내부에서 변화가 일어날 수 있다. 이런저런 장애 물을 헤쳐 나가다 보면 새로운 힘과 희망이 솟아오른다. 그 과정에서

(잠시 뒤에 다룰) 변화의 조건 6가지를 모두 경험하게 된다. 만일 6가지 조건을 만나지 못하거나 다음 상위의 복잡성 수준으로 성장하지 못하면, **감마**는 종종 덜 복잡한 **가치관 체계**로 끌어내리기도 한다.

델타

새로운 통찰과 전망을 세우고 **감마** 국면에서 빠져 나와 **델타** 상태로 넘어가면, 함정에 빠졌다고 느꼈던 그 터널의 끝에서 갑자기 빛을 본 듯한 기분을 느낀다. 사람들은 다시금 확신에 차서 미래를 맞이할 수 있게 되고, 새로운 열망에 비춰 새로운 생활조건(외적인 변화)을 만들어 내거나 (내적 변화로) 진화된 상태에서 앞에 놓인 상황을 받아들인다. 이런 상태는 장애물을 극복하고 이전의 제약을 제거하는 변화가 순식간에 휘몰아치는 혼돈의 시기다. **델타** 에너지가 마치 밀려오는 열정의 파도와도 같이 터져 나오면 해방감이 뒤따른다. 하지만 여기에도 몇 가지 함정이 있다. **감마** 장애물을 돌파한다고 해서 언제나 곧장 새로운 조화 상태(새로운 알파)로 나아가지는 않는다. 오히려 담장 너머로 보이는 잔디가 실제로는 그다지 푸르지 않을 수도 있다. 흔히 오래도록 변화를 가로막고 있던 낡은 시스템을 향한 분노가 여전히 남아 있을 수 있다. 새로운 시스템을 정착시키는 데 필요하거나 유용할 법한 옛 시스템을 철저히 파괴하려고 드는 반발과 복수심이 남아 있을 수 있다. 이 국면에서 실험 삼아 실시한 새로운 방식이 실패하는 건 당연한 일이다. 성공하는 실험이 있는가 하면, 그렇지 못한 실험도 있을 테다. **델타** 국면에서도 덜 복잡한 이전 시스템과 생활조건으로 후퇴할 가능

나선 역학 모델, 모든 것의 이론

성은 여전히 존재하는데, 새로운 시스템을 확립할 기반이 없으면 더욱이 그렇다.

새로운 알파

새로운 존재 방식(사고, 행위, 감성, 감각)이 새로운 생활조건과 서로 잘 맞아떨어지는 상황에서는 안정적으로 **새로운 알파**가 형성된다. 이 새로운 국면에서는 **델타** 물결을 타고 이전 단계의 아이디어와 통찰을 통합하기도 한다. 사람들은 차츰 안정된 상태로 바뀌어가고, 세계하고도 균형이 맞춰진다. 외적 조건과 내적 **가치관 체계** 사이의 새로운 균형은 통합을 이루기 시작한다. 많은 사람이 최상의 목표를 달성했다고 믿는다. 다시 행복한 날이 이어지지만, 언제나 지평선 너머에는 이미 다음 **베타** 국면의 씨앗이 뿌려진다.

실제 상황에 담긴 변화의 역동성

이런 변화의 역동성은 생활환경이 변화와 어떻게 얽혀드는지를 이해하는 데 도움을 준다. 생활환경이 감당할 수 있는 수준보다 더 복잡해진 **가치관 체계** 사이에서 변화가 일어나면, 대단히 혼란스러운 **감마** 국면을 불러들이는 매우 불안정한 상태를 경험할 수 있다. 이 부분을 조직에 적용해보면, 강한 수준의 **베타**와 **감마**가 반드시 **가치관 체계** 사이에서 일어나는 변화를 의미하는 건 아니다. 때로는 문제의 개인이나 집단에서 활동 중인 **가치관 체계**가 현재의 작업환경이나 국내 환경에 적합하지 않다는 사실을 가리키기도 한다. 말하자면 해당 조직이 한 단계에서 다른 단계로 옮겨가는 과정에 있다거나, 당사자가 현재 위치에 적합하지 않다거나, 사람들이 자신들의 **가치관 체계**에 따라 관리되지 않고 있다는 뜻일 수도 있다. 융통성 있는 **플렉스**와 **델타**는 이미 많은 변화가 일어나고 있으며, 변화를 주어야 할 부분이 어디인지(**델타**) 명확해졌음을 보여주는 단계다. **플렉스** 지수가 높을수록 개인과 집단이 변화를 받아들일 의지가 강하다는 뜻이다.

곁글 3 변화에 맞서는 저항에 대처하기

조직을 대폭 변화시키려면, 낡은 조직 문화와 기존 인력과 경영 시스템을 상당 부분 새롭게 바꾸어야 한다. 다양한 변화전략이 활용되고 있지만, 크게 보면 두 가지 방안으로 모아진다.

첫 번째는 **오렌지색**으로 무장한 변화 주도형이다. 이 관점에서는 사람들을 합리적으로 설득하고 매력적인 보상을 약속하면 사람들에게 동기부여가 되리라고 가정한다. 그래서 상부에서 지시하는 방식의 동기부여로 끌고 간다.

두 번째는 흔히 조직 하부에서부터 참여하고 합의를 끌어내는 과정을 강조하는 **초록색**의 변화 시도다.

변화를 시도하는 조직의 구성원 중 다수가 **오렌지색**이라면 첫 번째 전략이, **녹색**이라면 두 번째 전략이 효과를 거둘 가능성이 크다. 그러나 이 두 가지 접근 방식에는 조직 문화가 변화하는 과정에서 **빨간색, 파란색, 노란색**이 맡은 역할을 이해하려는 움직임이 없다는 공통점이 있다. 어떤 회사는 변화에 성공하고 어떤 회사는 실패하는 이유 중 하나다.

많은 변화 프로그램이 '모든 것을 바꿔야 한다'는 야심 찬 구호를 내걸고 요란하게 시작한다. 하지만 **나선 역학**은 자연스럽고 정상적인 흐름 속에서 진행되는 부드러운 변화를 제안한다. 쓸데없이 **파란색**과 **빨간색**의 저항을 불러일으켜 봐야 도움이 되지 않기 때문이다. 실제로 모 아니면 도, 지금이 아니면 결코 변할 수 없다고 주장하며 과도하게 요구하면 오히려 불안과 저항에 가로막혀 일을 그르칠 수 있다. 변화에 반발하는 경향이 있는 **빨간색**과 **파란색**의 협조를 끌어내리면, 다음과 같은 점을 고려해야 한다.

- **빨간색**: **빨간색** 가치관 체계를 변화시키려면 강력한 권한/힘을 지닌 사람이 확고한 변화 지시를 직설적으로 전달해야 한다. 언변이 화려하거나, 변화에 참여하면 미래에 보상을 주겠다고 약속하거나 하면 오히려 의심을 살 수 있다. 이들에게는 변화를 시도하는 단계마다 그들에게 어떤 이점이 있는지 직접 느낄 수 있도록 눈에 보이는 보상을 즉각 제시하는 편이 좋다.

- **파란색**: **파란색** 가치관 체계에는 채택해야 할 이유가 명백해야 하고, 분명하고 신성한 목적과 큰 명분이 필요하다. 변화는 권위 있는 사람이 승인한 원칙과 일치하고 질서 정연해야 한다. 기존 질서를 공격하면 저항을 불러올 뿐, 효과적이지 않다. 새로운 시스템은 과거를 존중하되 파란색 용어로 설명해야 한다.

안정, 긴장 그리고 변화

밸류매치에서는 그레이브스, 그리고 벡과 코완 모델에서 말하는 변화 상태를 '안정, 긴장, 변화'로 구분하기도 한다. **베타**와 **감마** 국면에서 쌓인 긴장이 변화를 일으키는 데 필요한 에너지를 효과적으로 끌어 모으고, 이 에너지가 **플렉스**와 **델타**로 이끌고 가면서 실질적인 변화를 이루어낸다.

다른 변화 과정 모델과 비교하기

벡과 코완의 변화 모델을 다른 변화 모델들과 비교해볼 수 있다. 변화 모델은 대부분 기존 상황에서 다른 상황으로 변화해가는 과정을 설명하는데, 이런 과정은 부조화, 내성introspection, 감정, 불편함과 관련 있다는 공통점이 있다.

예를 들면, 오토 샤머Otto Scharmer[13]는 U-이론에서 새로운 인식과 상황과 아이디어를 창안하는 과정에 초점을 맞춘 U자형 곡선을 제시한다. 샤머의 연구 맥락을 **나선 역학**과 비교해보면, **초록색**과 **노란색** 영역에서 창안 과정을 볼 수 있다. 간략하게 살펴보자면, U자의 왼쪽 아래로 내려가는 방향은 익숙함을 떠나보내고 미래를 '감지'하는 길로 들어선다는 뜻이다. 내려가다 보면 **베타**와 **감마**를 만나게 되는데, 이때 익숙함

---

13 독일의 경제학자이자 MIT 경영대학 선임강사로, 문제를 해결하는 과정 이론인 'U 이론'을 제안했다.

과 정서적으로 분리된다. U자 곡선의 아랫부분은 근원, 영감, 평온 영역인데, 이곳에서 U자의 오른쪽, 곧 영감(델타)을 통과해 새로운 상황(새로운 알파)을 실현하는 곳으로 옮겨간다.

퀴블러-로스Kubler-Ross[14]는 비탄 과정을 다섯 단계 국면으로 구분해 설명한 이론으로 유명한데, 그 다섯 단계 국면이란 부정, 분노, 타협, 우울, 수용이다. 우리는 여기서도 벡과 코완 모델과 유사한 측면을 다시금 마주하게 되는데, 상실감은 (갑작스럽든 아니든) 익숙한 환경에서 겪는 부조화로, 비탄 과정 전체는 새로운 상황을 수용하고 새로운 균형 감각을 회복하는 과정으로 이해할 수 있다.

개인이나 집단이 여기서 설명한 변화를 경험하게 되면, 그 변화의 길은 **베타, 감마, 델타** 국면을 통과한다. 벡과 코완의 모델에서는 **플렉스** 국면도 일어날 수 있다. 물론 이 **플렉스**는 흔히 문제를 재발하게 만들거나 단지 부분적인 변화만을 불러온다.

1순위 변화와 2순위 변화

돈 벡과 크리스 코완은 **가치관 체계** 사이에서 전환이 일어나는 과정을 명확하게 보여주려고 변화 단계를 설정했다. 물론(차츰 더 복잡한 단계로 진행하든, 덜 복잡한 단계로 퇴행하든), 그런 체계적인 변화가 일어나지 않고

---

14 스위스 출신의 미국 정신과의사다. 죽음에 이른 환자들을 연구해서 '비탄 단계'를 이론으로 정립했으며, 1970년대 호스피스 운동을 이끌었다. 하지만 그의 이론이 실증적 검증을 거치지 않은 특정 시대, 특정 문화의 산물이라는 비판도 받는다.

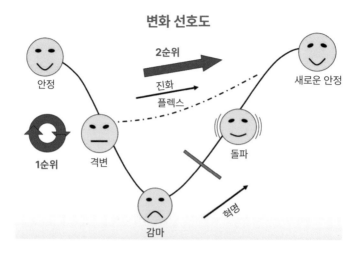

변화 선호도

2순위

안정

진화
플렉스

1순위 격변

돌파

감마

혁명

새로운 안정

오히려 불화가 생기는 사례도 보여준다.

베타 국면에 있는 개인이나 집단은 때로 마주한 상황에 담긴 일부 작은 **플렉스**를 타고 별다른 주요한 변화도 없이 조화로운 **알파** 국면으로 돌아갈 수 있다. 그렇게 되면 그들의 세계관, 욕구, 사고방식과 행동 양식은 진정으로 달라지지 않은 채 남는다. 이런 변화를 1순위 변화라고 부른다. 1순위 변화는 이를테면 같은 회사에서 새로운 업무를 맡거나, (같은 도시에서) 더 적합한 새집으로 이사 가는 상황과 같다.

상황과 개인 또는 집단 사이에 빚는 마찰을 현 상황에 담긴 **플렉스**로 누그러뜨릴 수 없는 지점에 도달하면, 달라진 상황에 더 잘 대응할 수 있는 새롭고 더 복잡한 세계관이 발달하는 단계로 이끌고 갈 수 있다. 더 복잡한 세계관은 새로운 욕구는 물론 다른 사고방식과 행동 양식을 낳는데, 이런 변화를 2순위 변화라고 한다. 경력, 지위, 사업의 성공을

나선 역학 모델, 모든 것의 이론

위해 행동하던 사람이 그런 항목들은 뒤로 한 채 자기 계발에 몰두한다든지, 사소한 일상에서 더 많은 즐거움을 느낀다든지, 동료들과 더 많이 협조할 수 있는 새로운 직업을 찾는 사례가 여기에 해당한다(오렌지색에서 초록색으로 전환하는 상황).

다음 표는 **1순위 변화**와 **2순위 변화**로 구분한 변화의 수준을 보여준다. 조직에서 어떤 변화가 일어나는지 확인하는 데 도움이 될 것이다.

CV8	비약적 변화 – 전체 시스템의 모든 수준에서 변화가 일어난다.	
CV7	상향 변형 – 더 복잡한 수준으로 진화하는 변화	2순위 델타 분출
CV6	돌파 – 낡은 시스템의 장애물들을 얼마간 혁명적이거나 공격적으로 제거한다.	
CV5	상향 확장 – 현재 상황이 더 큰 복잡성을 허용하고 통합하도록 일시적으로 '확장'된다.	
CV4	하향 확대 – 예전의 덜 복잡한 상호작용 원리를 적용하기 위해 잠시 하향 통합한다.	
CV3	향상 – 기본 시스템은 바뀌지 않고 그대로이지만, 기능은 확장되고 개선되고 발달된다.	1순위 알파/베타
CV2	개선 – 요소들은 동일하지만, 원래 목표에 맞춰 요소를 다시 배치한다.	
CV1	미세 조정 – 모든 일이 순조롭게 잘 돌아가도록 하는 단순한 조치	

* CV: Change Variation(변화를 주제로 한 변주곡 제1번·제8번)

1순위 변화와 **2순위 변화**는 수평적 변화와 수직적 변화로 구분하는 방식으로도 해석할 수 있다. 수평적 1순위 변화는 기존 **가치관 체계 '안'**에서 일어나는 변화고, 수직적 2순위 변화는 나선 구조의 위로(또는 아래로) 옮겨가는 변화, 곧 가치관 체계 '사이'에서 나타나는 변화다.

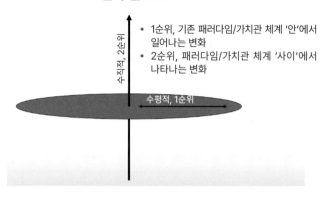

변화 선호도

- 1순위, 기존 패러다임/가치관 체계 '안'에서 일어나는 변화
- 2순위, 패러다임/가치관 체계 '사이'에서 나타나는 변화

수직적, 2순위

수평적, 1순위

개인이나 집단을 위해 생활조건을 바꾸었는데, 그 달라진 조건에 복잡한 새로운 **가치관 체계**로 반응해야만 하더라도, 새로운 체계가 물론 발달하지 않을 수 있다. 그런 상황에서는 종종 덜 복잡한 체계로 퇴행하는 일이 벌어지고, 마야문명이나 이스터섬처럼 기존 구조들이 붕괴할 수도 있다. 개인 차원에서는 우울감이나 일, 친구, 가족에게 소외감을 느끼며 무너질 수 있다.

곁글 4   1순위 변화와 2순위 변화

벡과 코완은 새로운 세계관으로 변화해가는 과정을 이렇게 설명한다. **알파** 상태에서 **메타-밈**은 생활조건에 적합하지만, 이 상태가 달라진 상황을 다루는 데 적절하지 않으면 **베타** 상태가 다가온다. **베타**는 불확실성과 의심에 사로잡히는 시기다. 플렉스(진화적 변화)는 동일한 **메타-밈** 안에서 좀 더 세련되게 개선해 **새로운 알파** 상태를 만드는 국면이고, 혁명적 변화는 좌절감과 무력감이라는 **감마** 함정에 빠져서 변화에 보이는 초기 반응이 더딜 때 일어난다. 운이 좋으면 **델타** 국면이 분출해서 **새로운 알파**에 적응하는 변형된 길을 걷게 되지만, 그렇지 않으면 퇴행하거나 조직 구조가 무너지는 참사를 겪을 수 있다. 이런 변화 과정에는 8가지 국면이 있는데, 3가지(CV1, 2, 3)는 수평적 변화고, 2가지(CV4, 5)는 대각선적 변화며, 3가지(CV6, 7, 8)는 수직적 변화다.

1순위 변화 - 기존의 큰 틀 안에서 일어나는 변화

미세 조정(시스템의 사소한 몇 곳만 최소한으로 손본다) - **플렉스**(사고방식 자체는 그대로 두고 기존의 주요한 요소를 개선한다) - **향상**(기존 요소를 새롭게 향상시키지만 큰 틀은 손대지 않는다) - **하향 확대와 회귀**(이전 시스템으로 돌아가서 현재 상황을 조정하고 적응하게 만든다) - **상향 확장**(틀 밖으로 나가서 생각한 뒤에 이전 틀로 되돌아온다)

2순위 변화 - 심층적인 대변화, 급진적이고 근본적인 변화

틀 밖으로 뛰쳐나가기(장애물을 공략하고 기존 질서를 제거하거나 대치한다. 혁명적이긴 하지만 퇴행의 위험부담을 떠안은 돌파다) - **상향 전환**(델타 국면이 분출해서 다음 수준의 복잡성으로 넘어가며 옛것을 새로운 것에 포함시킨다) - **획기적인 양자 도약적 변화**(전근대에서 근대로, 근대에서 탈근대로 또는 수렵채집 사회에서 농업사회로, 농업사회에서 산업사회로 전환하듯 심층적인 대변화)

'변화'라는 단어를 사용할 때마다, 또는 누군가 그 단어를 거론할 때마다 잠시 멈춰서 화자나 청자가 각자 의미하는 변화는 방금 설명한 내용 중

어디에 해당하는지 생각해보기 바란다. 그렇지 않으면 서로 나누는 대화
는 '닭이 먼저냐 계란이 먼저냐'의 싸움이거나, 서로 가늠할 수 없는 '사과
와 오렌지'의 비교이거나, 실천 가치, 전략, 전술을 둘러싼 전혀 다른 주
장이 되고 만다. 바로 그래서, 변화라는 단어의 사전적 의미보다는 사람들
이 제각기 변화라는 단어를 사용해서 구체적으로 무엇을 의미하는지가 더
중요하다.

변화를 위한 6가지 조건

그레이브스는 **가치관 체계** 사이에서 변화를 일으키는 여러 가지 필수
조건을 찾아냈다. 과연 변화를 이뤄낼 수 있는지와 어떻게 변화를 가져
올 것인지는 어떤 조건이 얼마나 맞아떨어지는가에 달렸다. 6가지 조
건을 전부 평가해야 하는데, 그중 하나라도 놓치면 진화적 변화의 길
을 걸어갈 기회가 줄어든다. 이 6가지 조건은 **가치관 체계** '사이'에서
일어나는 변화뿐만 아니라, 개인이나 조직이 겪는 주요한 변화에도 모
두 적용할 수 있다.

6가지 조건은 다음과 같다.

1. 개인이나 집단의 사고방식에서 드러난 **잠재력**
2. 현재 또는 이전의 실존적 문제를 위한 **해결책**
3. 현재 가치관 체계에서 드러난 **부조화**
4. 변화를 위해 찾아내고 극복해야 할 **장애물**
5. 원인을 진단하고 효과적인 대안을 제시하기 위한 **통찰력**

나선 역학 모델, 모든 것의 이론

6.   전이 기간 동안 변화하는 과정을 위한 지원과 **통합**

1. 잠재력, 개인이나 집단의 사고방식에서 드러난 힘

변화에 직면한 사람들이라 해도 다 같이 개방적이지는 않거나, 변화에 적절하게 또는 제대로 준비되어 있지 않을 수 있다. 누군가는 욕구, 가치관, 포부 등에서 잠재적으로 열린 마음 상태로 살아간다. 그러나 우리는 닫힌 듯 보이는 상태에 안주하려는 경향이 있으며, 그렇게 익숙한 상태로 현상을 유지하거나 늘 해오던 방식을 고수하려고 한다. 일단 그런 식으로 만족할 만한 조건이 갖춰지면 우리는 거기에 집착하는 경향을 보인다. 강력한 힘이 동요를 일으키지 않는 한, 뽀빠이는 "난 원래 그런 사람이야"라고 말한다. 변화를 촉구하는 강력한 힘을 알아차리게 되면, 그제서야 사람들은 흥분해서 그 힘을 가리켜 "낙타 등을 부러뜨린 한 오라기 지푸라기"라든가 "깨어나라고 울리는 경종"이라고 말한다. 무언가가 명백히 떠들썩하게 주의를 끈다 해도 반드시 변화가 일어나지는 않을 수도 있는데, 우리의 신경학적 역동성 때문에 그렇다. 그래서 변화를 일으키기 위한 첫발을 내딛기 전에, 먼저 개인과 집단이 의도한 방향으로 변화할 **잠재력**을 갖추었는지부터 파악해야 한다. 이 변화의 **잠재력**이 결정적인 사전 요건이다.

변화의 잠재력 평가하기: 열린 상태, 막힌 상태, 닫힌 상태

그레이브스는 임상 연구와 기업 연구에서 쌓은 경험을 토대로, 사람들이 보여주는 변화 역량의 차이점을 **열림**(Open), **막힘**(Arrested), **닫힘** (Closed)(OAC)이라는 연속선에 배열할 수 있었다. 변화를 다룰 때는 이

OAC 변화 상태

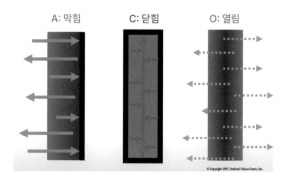

세 가지 변화 상태를 명심해야 한다. 카드를 쥐고 있어야 할 때와 넘겨 주어야 할 때, 그리고 게임을 끝내야 할 때를 가늠해야 하기 때문이다. **열린** 사람일수록 환경 변화에 반응할 가능성이 크다. **닫힌** 사람일수록 변화를 앞에 두고 긴장과 스트레스를 많이 느낄 것이다. OAC 상태는 구체적인 특정 문제와 연결해서 다뤄야 하고, 해당 상태가 반드시 생활 전반을 바라보는 시각은 아닐 수 있다는 점도 알아두어야 한다. 한 개인이 사업 문제에서는 **열린** 상태이지만, 가족 문제에서는 **막힌** 상태고, 종교 문제에서는 **닫힌** 상태일 수 있기 때문이다.

열린 상태: 더욱 복잡한 작동 수준에 도달할 잠재력을 보유한 상태

- 가장 큰 적응력을 지닌 가장 건강한 상태
- 상황과 현실에 따라 생각이 바뀐다.
- 장애물에 효과적으로 접근한다.
- 닫힌 상태처럼 선명하게 표현된 이미지는 없다.

나선 역학 모델, 모든 것의 이론

특징

- 장애물 극복이 목표이기 때문에 확인되지 않은 가정과 습관의 수렁에 빠지지 않고 개인 차이를 표현할 수 있다.
- 변화를 회피할 수 없다는 점을 알아차리고 융통성을 보여준다.
- 외부 요인의 역할을 인정한다.
- 복합적인 **가치관 체계**로 대처할 수 있다.
- 삶에 비판적이지 않은 열린 태도와 이해심을 발휘해서 경청하는 자세를 보인다.

막힌 상태: 자신과 상황이 만들어낸 장애물에 갇힌 상태

- 장애물을 극복했을 때만 변화할 수 있다.
- 상황과 사태를 통찰하지 못할 수 있다.
- 변화의 기세를 달군 에너지를 끌어내리려면 더 많은 부조화가 필요하다.
- 핑계를 대며 현상 유지가 관행이라고 합리화한다.

특징

- 새로운 생활조건이 근심, 걱정, 불안, 불확실성을 안긴다. 명백하게 어려움을 겪는데도, 원래 그런 것이려니 하고 넘긴다.
- 사고방식이 꽉 막힌 탓에 현상 유지라는 한계 속에 살아가며, 되도록 이런 삶에 적응한다.
- 과장된 스트레스 반응, 소화기 장애, 수동적인 공격 행동을 보인다.

- 혁신적인 변화 모델을 거부하고, 충고에 귀를 기울이지 않으며, 기존에 써오던 믿음직한 수단에 집착한다.

닫힌 상태: 생물적-심리사회적 특성으로 봉쇄된 상태

- 신경학적 능력이나 필요한 지적 능력을 갖추지 못했을 가능성이 있다.
- 과거에 겪었던 트라우마가 반응을 억누르도록 만들 수 있다.
- 장애물을 극복하기는커녕 무엇이 장애물인지조차 밝혀내지 못한다.
- 변화에 위협을 느끼며, 자신이 서 있는 현재 위치를 지키려고 고군분투한다.

특징

- 사고방식에는 융통성이 없으며, 세상을 자신의 가치관과 신념에 맞추려고 애쓴다(일중독자, 다정한 배려자, 정치 극단론자).
- 대안으로 제시하는 관점들을 거부한다.
- 변화하는 상황에 적응하지 못하는 무능력을 보인다.
- 언제나 약간 의도적으로 꾸며낸 듯이 서툴게 행동한다.
- 늘 의심이 많고, 불안정하다.
- 극소수만 내부자로 받아들이고 그 밖의 다른 사람은 모두 배제하는 배타성을 보인다.
- 장애물을 만나면 한없이 좌절하는 반응을 보인다.
- 극단적인 방식으로 과제를 수행한다. 자신이 '잘 수행하는지'

나선 역학 모델, 모든 것의 이론

확인하려고 반복해서 점검한다.

- 차단막을 세운다. 다른 의견과 충고를 듣지 않으려고 한다.
- 자신의 의견과 반대되는 정보를 숨기거나 없앤다.
- 마음 다스리기: "이미 모든 걸 다 정리해놓았으니, 그런 식으로 나를 혼란에 빠뜨리지 마시오!"

잠재력의 특성을 요약하면 다음과 같다.

- 사고 과정이 개방적이다.
- 필요한 지적 능력을 갖추고 있고, 복잡한 환경에서 그 능력을 발휘할 수 있다.
- 개인과 조직이 쇠약 증상, 해결되지 않은 '하수구', 역사적 잔재 등에서 자유롭다.

곁글 5

사람들이 **열린** 상태인지(변화 유형), **막힌** 상태인지(변화의 잠재력은 있지만 갇힌 유형), 아니면 **닫힌** 상태인지(하나의 메타-밈에 묶인 유형) 파악할 필요가 있다. 막히거나 닫힌 사람들을 억지로 끌어내려 하기보다는, 각자 현재 서 있는 곳에서 그들에게 꼭 맞춰 개입하고 동기를 부여해야 한다. **열린** 상태의 사람들에게는 그들의 무게중심보다 반걸음 앞에서 이끄는 개입이 적합하다. 예를 들어 **오렌지색** 사람이라면 **오렌지색**에서 퇴장하는 단계나 **초록색**으로 진입하는 단계에 있는 관리자가 그들의 기본적인 **오렌지색** 세계관을 뛰어넘어 섬세하게 차근차근 이끄는 식이다. **닫힌** 상태의 사람들은 자신들과 같은 수준의 경영 방식과 리더십에만 반응하는 경향이 있다(근본주의자는 다른 근본주의자의 말을 가장 잘 듣는다).

닫힌 상태의 사람은 살아갈 방식을 이미 찾아냈다고 굳게 믿고, 죽을 때까지 그 방식을 지켜 나가야 한다고 다짐한다. 그런 만큼 철저한 확신에 차서 의문이나 의심할 여지가 없는 영원한 세계에서 산다.

진정으로 **열린** 사람은 변화를 삶의 일부로, 한 발 더 나아가 삶의 법칙으로 받아들인다. 무모한 면도 없진 않지만, 어쨌든 내일 떠오를 새로운 태양을 맞이한다. 새로운 의미와 다른 지점을 끝없이 탐구하며, 기존의 존재 수준에서 더 많은 세계와 그 안에 담긴 약점을 보여주는 다음 수준으로 넘어간다.

그래서 변화를 이루려면 최소한 아주 약하게 **막혀** 있거나 **열린** 상태여야 한다. **닫힌** 상태에서는 자신만의 틀을 벗어나기가 대단히 어렵기 때문이다. 또한 사람들 사이의 차이를 받아들일 수 있을 만큼의 여유도 있어야 한다.

2. 해결책

현재와 (이전의) 실존적 문제에 담긴 해결책. 해결되지 않은 문제나 위협이 현재 상황에 여전히 남아 있다면, 새로운 수준의 변화 가능성을 찾아낼 수 있으리라 기대하기 어렵다. 문제를 파악하고 현재 수준에서 해결해보라. 안정이 중요하다면 질서를 세워보자. 두려움이 변화를 가로막고 있다면 평정심을 끌어내보자. 그리고 다음 사항을 꼭 마음에 새기자.

- 현재 수준에서 문제를 적절히 해결할 수 있는가?
- 잔잔하고 고요한 바다처럼 균형 감각이 있는가?
- 다음 단계의 더 복잡한 시스템(새로운 상황)을 탐구할 충분한 에너지가 있는가?

3. 부조화

현재 **가치관 체계** 안에서 겪는 부조화. 동요나 혼란이 하나도 없다면 아무런 변화도 일어나지 않을 것이다. 범죄가 증가하고, 가족이 해체되고, 교회가 분열하고, 정치 실정에 욕구불만이 쌓이면 사람들은 행동에 나선다. 이때 전문가는 사람들에게 "게으름 피우며 파묻혀 있던 안락한 의자를 박차고 나와" 문제를 해결하기 위해 행동에 나서는 것이 정말로 중요하다고 확실하게 알리는 역할을 해야 한다. 부조화를 알아차리는 데 도움을 주는 요인은 다음과 같다.

- 생활조건과 그 조건을 다루는 현재의 방식 사이에 간극이 벌어지고 있다는 사실을 알아차리는 감각
- 무언가 잘못되었다고 느끼게 해줄 만큼 충분한 소란
- 새로운 생활조건이 제시한 문제들에 낡은 해법으로 대응해서 재앙과도 같은 실패를 경험할 때 모색할 수 있는 신선한 접근법

4. 장애물

확인하고 극복해야 할 변화를 가로막는 장애물. 변화를 완전히 막아서지는 않더라도 방해할 수 있다. 장애물을 (더는 부정하지 않고) 인식하고

확인할 필요가 있으며(이름을 붙인다), 그런 다음 (a) 제거하거나, (b) 우회하거나, (c) 상쇄하거나, (d) 다른 형태로 바꿔놓아야 한다. 첫째 단계가 인식하기다. 이따금 장애물을 '저들의 잘못'으로 이해하거나 문제가 자신의 외부에 있다고 보기도 한다. 일단 장애물을 확인하면, 둘째 단계에서는 그 장애물을 만들어낸 구체적인 구성 요소를 자신과 환경에서 찾아낸다. 가장 큰 장애물은 흔히 우리 자신이 만들어낸다. 우리의 사고방식이 장애물에 생명을 불어넣고 우리의 분노가 장애물에 에너지를 공급하기 때문이다.

- 자신이 마주한 상황에서 스스로 할 수 있는 역할을 깨닫자. 그 상황 속에서 스스로를 검토해보자. 자신의 내부와 외부 세계를 모두 깨끗하게 정리하자.
- 장애물을 제거하는 데 따르는 고통과 결과를 책임지자. 역경의 관계를 번영의 관계로 재편하기 위해 다리를 몇 개나 불태워야 할 수도 있다. 상상 속 '영광의 날'로 삶을 되돌리려고 쓸데없이 시도하느라 에너지를 낭비하지 말자.
- 달라지지 못한 점을 핑계 대거나 합리화할 게 아니라, 회복하기 위한 건전한 기반을 수립하는 건설적인 작업에 초점을 맞추자.

5. 통찰력

가능성 있는 원인을 파악하고 실행 가능한 대안을 수립하기 위한 통찰력. '통찰력'이란 말은 (1) 이전 시스템에서 무엇이 잘못되었고 그 이유는 뭔지, (2) 그런 문제가 어떻게 생겨났고 악화되었으며 해결될 수 있는지를 두루 살펴볼 시야를 제공하며, 지금 문제를 해결할 방안은 무엇인지 이해하는 능력을 의미한다. 사람들은 변화 가능성과 변화를 실현하기 위한 수단을 받아들여야 한다. 오늘날에는 적절하지 않은 이전의 낡은 해답을 탐구하느라 시간과 비용을 낭비하는 짓을 그만두자. 적절한 정보원에서 나온 다른 시나리오와 참신한 모델과 경험을 고려하자. 대안이 무엇인지 구체적으로 보여주자.

6. 통합

전이가 진행되는 변화 과정을 지원하고 통합하기. 지원하는 문화가 없는 곳에서는 새로운 행동과 새로운 가치관이 성장하고 번창하기는커녕 싹트기조차 어렵다. 새로운 행동이 나타나면, 거기에 엄청난 열정을 보이더라도 대체로 서툴기 마련이다. 새로운 행동과 새로운 가치관이 정착하려면 시간이 필요하다. 적응하는 동안에는 불안정하기 마련이므로, 어떤 것들은 느슨하게 풀어줄 필요가 있다. 개인은 사고하는 과정과 정신적인 접근법에서 새로운 연결 고리를 찾아야 한다. 변화가 일어난 직후에는 잘못된 시작과 오랜 학습 과정과 고통스런 동화의 시간이 뒤따를 수 있다. 무슨 일이 일어나고 있는지 이해하지 못하는 사람들, 또는 닫혀 있거나 단절되었거나 위협을 느끼는 사람들 때문에 개인이나 조직의 변화하는 과정이 곤경에 빠질 수도 있다.

초월과 포함

나선 역학의 중요한 원리 중 한 가지
는 일단 새로운 **가치관 체계**가 출현
하면 그 체계의 복잡성에 이전의 모
든 **가치관 체계**가 포함된다는 가설이
다. **오렌지색**이 중심인 사람이나 생
활환경을 보면, **오렌지색**과 관련해서
활성화된 정신적 틀에는 **베이지색**의

생존, **보라색**의 집단 결합, **빨간색**의 확고함, **파란색**의 구조가 포함되
어 있다. 개인이나 집단에서 이전 시스템 중 어느 하나가 제대로 발달
하지 않으면, 그 미흡한 체계가 종종 문제를 일으킨다. **오렌지색** 조직
에 **보라색** 결합력이 부족하면 살벌한 경쟁이 벌어질 수 있고, 동료들은
서로 불안을 느끼게 된다. **파란색** 구조가 사라지면 **오렌지색**은 꾸준한
노력을 기울이기가 어려워져서 종종 **빨간색** 공격성과 자기 이해관계로
기울어진다.

더 복잡한 **가치관 체계**로 건강하게
성장해가는 과정은 이전의 모든 **가
치관 체계**를 '초월'하면서, 또한 그
가치관들의 핵심 기능을 모두 '포
함'한다고 할 수 있다. 실제로 전이
하는 과정을 보면 종종 새로운 체
계는 전적으로 수용하고 이상화하

나선 역학 모델, 모든 것의 이론

되, 이전 체계에는 저항하는 모습도 나타난다. 1980년대에 있었던 사례를 들어보면, 성공적인 직장과 집, 때로는 가족(**오렌지색** 생활환경)까지 포기하고 오쇼[15]가 운영하는 공동체(대체로 **초록색** 생활환경)에 완전히 몰입한 사람이 상당히 많았다. 그들은 종종 오쇼 운동에 자신들의 전 재산을 헌납했고, 최소한의 수입으로 생활하며 모든 것을 공동체 사람들과 공유했다. 수년이 지난 후에, 사람들은 대부분 다시 자신의 삶을 살기 위해 또한 직장을 찾으려고 공동체를 떠났다. 그렇긴 해도 이들은 경력이나 돈, 지위보다는 개인의 성장을 지원해주는 일자리를 찾았는데, 이런 경향은 대체로 공동체에서 생활하는 동안 형성된 새로운 세계관 때문이었다고 할 수 있다.

---

15 오쇼 라즈니시Osho Rajneesh(1931-1990)는 인도의 철학자, 신비가이며 영적 스승으로 라즈니시 운동의 창시자다. 영적 경험은 어떤 종교 교리로도 조직할 수 없다고 주장하며, 제도화된 종교를 거부했다. 1981년에 미국으로 이주해 오리건주 와스코 카운티에 '라즈니시푸람'을 설립했다. 지금도 세계 곳곳에서 많은 사람이 명상과 휴양을 위해 인도 푸네에 있는 '오쇼 국제 명상 리조트'를 방문한다.

4. 가치관 체계

> 내가 선조들보다 더 멀리 볼 수 있는 건 내가 그들 어깨 위에 서 있기 때문이다. - 아이작 뉴턴

여덟 가지 **가치관 체계**는 사실상 우리의 정신적 틀과 신념이 진화하는 과정을 설명할 뿐만 아니라, 다음 진화 단계의 지표를 보여주기도 한다. 이런 과정은 어린이의 발달 단계에서도 뚜렷하게 찾아볼 수 있는데, 어린이는 이런 과정을 거치며 점차 복잡해지는 환경에 적응하고 살아가는 방법을 배운다. 하지만 이 진화 과정은 직선적이지 않다. **가치관 체계**를 설명할 때는 생활환경, 그 안에서 진화한 정신 능력, 그 안에서 생각이나 행동으로 **가치관**을 표현하는 구체적인 방식, 이 세 가지 측면이 동시에 작용한다는 점을 염두에 두어야 한다. 새롭게 발달한 단계는 이전의 모든 단계를 아우르며 그 모두를 뛰어넘기 때문에, 이전에는 볼 수 없던 더 복잡한 새로운 수준을 보여준다.

베이지 – 생존 및 기본 욕구

나선 역학에서 인류의 첫 번째 발달 단계에 입힌 색채는 **베이지색**이다. **베이지색**은 서식지에서 생존하는 능력을 의미한다. 먼 과거에 선조들이 서식지에서 충분한 식량과 은신처를 제공받고 살던 열대 우림 지대처럼 기후가 적절하면, **베이지색** 인류는 번창한다. 생활조건이 힘들수록 생계를 꾸려나가는 데 필요한 창의성을 더 많이 요구한다. **베이지**

색 생활조건에 적합한 **베이지색** 정신 능력은 인간이 살아남기 위해 절대적으로 필요한 필수 요건이다. 이 수준으로 쇠퇴하면 사실상 죽음을 불러오는데, 현 시대에 변형된 예로는 생명 유지 기능을 의학적 기계장치에 의존하는 식물인간을 들 수 있다. 이런 기본적이고 단순한 수준의 **베이지색** 정신 능력은 다음에 오는 모든 상위 수준의 발달을 위한 피라미드의 토대가 된다. 질병, 굶주림, 치명적인 위험 상황이 닥쳐 기초 수준에 균열이 가면, 가장 발달한 사람조차 생존을 위한 기본적인 투쟁에 모든 힘을 쏟을 수밖에 없다.

베이지색 가치관 체계의 기원

현재를 살아가는 '현대인'은 호모 사피엔스(슬기로운 인간) 종에 속하며, 이들의 최초 흔적은 대략 15만 년에서 20만 년 전 동부 아프리카에서 찾아볼 수 있다. 현생 인류는 한때 심한 가뭄 탓에 수천 명 인구가 수십 명으로 감소할 정도로 멸종 위기에 직면하기도 했다는 증거도 있다. 생존 기술이 달인의 경지에 이르렀기에, 현생 인류는 빙하기를 견뎌내고 점차 지구 곳곳으로 확산해간 유일한 인종이 되었다. 최초의 현생 인류는 이미 **보라색** 특성을 일부 지니고 있었기에, 가장 순수한 **베이지색** 형태를 갖춘 인종을 만나려면 대략 2백만 년 전에 살았던 호모 하빌리스Homo Habilis[16]까지 거슬러 올라가야 한다. 아프리카 동부 지역에 살았던 호모 하빌리스는 돌을 던지는 행동 같은 다양한 운동 기술을 개발

---

16 약 230만 년에서 140만 년 전에 살았던 사람속 화석 인류로, '손재주 좋은 사람' '도구를 사용하는 인간'이라는 뜻으로 불릴 만큼 발전된 석기를 사용한 것으로 추정된다.

해서, 야생동물에 맞서 자신을 지킬 수 있었다. 또한 날카로운 돌로 죽은 짐승의 살점을 잘라내어, 주변의 위험한 청소부 동물들을 피해 식량을 안전한 장소로 운반할 수 있었다. 같은 종의 다른 구성원들과 신체를 접촉해 체온을 따뜻하게 유지할 수 있었고, 이런 방식으로 추위를 막아낸 덕분에 식량과 은신처를 찾아낼 기회가 늘어났으며 자손도 번식할 수 있었다. 사회적 기술과 언어능력이 미처 발달하지 못해서 최대 15명 정도인 소규모 집단을 유지했는데, 가족이라기보다는 무리의 특성과 역동성이 더 두드러졌다.

베이지색 가치관 체계의 특성

베이지색 발달 단계의 특성 중 하나는 자신을 물리적 환경과 완전히 동일시한다는 점이다. 이 단계의 사람은 자신의 존재를 인식하지 못하며, 그의 정신 능력은 자신과 서식 환경을 구분하지 못한 채 환경과 일체감을 느낀다. 또한 시간 개념이 없거나 대단히 모호하며, 먹을거리와 은신처를 찾거나 번식 충동을 드러내는 등의 일차적인 생리 욕구를 채우는 데 충실한 생존 본능에 따라 행동이 결정된다. 서식지와 끈끈하게 결합된 감각 능력 덕분에, **베이지색** 인간은 생존 투쟁에 필수인 감각 능력과 반사 신경이 매우 발달했다. 이 발달 단계에서는 사회 공동체의 어떤 유형도 전혀 찾아볼 수 없다. 그래서 **베이지색** 수준에서는 리더십도 중요하지 않다.

현시대의 예

인류는 이미 아주 오래전에 **베이지색** 단계를 뛰어넘었기 때문에, **베이지색**이 주요한 **가치관 체계**로 작동하는 '건강한' 현대판 예시는 찾아볼 수 없다. **베이지색** 생활조건에서 살아가는 현시대 성인이라면 예외 없이 특별한 상황에 처한 사람들이다. 지적 장애인 사례처럼 불구를 타고 났거나 두뇌 발달 단계 초기에 영양실조를 겪으면 상위 **가치관 체계**로 발달하는 데 치명적일 수 있다. **베이지색** 생활조건은 다수의 고령자, 약물 중독자, 알코올 중독자처럼 약물이나 알코올을 오래도록 남용하는 바람에 또는 치매로 뇌가 손상되어 생활 경험이 뒤떨어진 결과일 수도 있다. 전쟁이나 자연재해로 어쩔 수 없이 생활환경이 발달하지 못했거나 파괴되어 **베이지색** 생활조건에서 살아가는 상위 정신 능력 단계의 사람도 많다. 질병이나 부상으로 육체적 손상을 입어도 스스로 자신을 돌볼 수 없는 입원 환자처럼 **베이지색** 생활조건을 형성할 수 있다. 때로는 의도적으로 집을 떠나 방랑자나 떠돌이처럼 하루하루 살아간다든지 우호적이지 않은 지역에서 식량과 은신처를 찾아 떠돌아다니는 **베이지색** 생활조건을 스스로 만들어내기도 한다.

일반 특성

사고방식	
삶을 대하는 태도	생존하기 위해 생활환경 안에서 어떻게든 잘 해내기 생활환경과 일체감 느끼기
기본 욕구, 삶의 주제	일차적인 삶의 욕구와 생식 충동 채우기
맥락, 세계관	지금 그리고 여기

기원	
시기	15만 년~20만 년 전(호모 사피엔스가 살던 시기)
장소	아프리카 동부 초원
창시자	호모 하빌리스(200만 년 전)
두드러진 모습	
좋은 점	인류가 모든 대륙으로 확산했다.
나쁜 점	(자연)재해와 질병에 매우 취약하다.
개인적 의미	
발달	다양한 운동 기술과 예견 능력이 출현했다.
특징	반사 신경과 감각 능력과 본능이 매우 발달했다.
행동	은신처와 먹고 마실 식량을 추구하며, 자손을 번식시켰다.
사회	
에너지 공급원	근육의 힘, 고기 및 기타 식량
사회 형태	고립된 구조이거나 느슨한 무리 구조
경제	없음
새로운 화폐 형태	없음
종교	없음
문화 주제	없음
예술 주제	없음
지도자	없음
발명품(예)	도기, 돌과 동물 뼈로 만든 도구(가죽을 벗기는 도구, 칼), (임시) 오두막
혁신	불을 사용했고, 임시 은신처를 세웠다.
새로운 부문	없음
현시대의 예	
공동체	없음
유럽 지역 집단	떠돌이, 약물 중독자나 알코올 중독자, 정신병 환자, 입원 중인 만성 질환자

나선 역학 모델, 모든 것의 이론

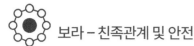 보라 – 친족관계 및 안전

두 번째 단계에서 인간은 사회적 존재이자 문화적 존재로 발달한다. 정
서적 삶이 시작되고, 여기서 직계가족 간의 끈끈한 유대가 형성된다.
나선 역학에서는 이런 수준으로 발달한 인류에게 **보라색**을 선사한다.
우리는 **보라색**에서 안전한 집, 곧 무슨 일이 생기든 언제나 환영을 받
는 곳이라는 가장 기본적인 안전감을 얻는다. 이 안전감은 언제나 존
중을 받아서가 아니라, 단지 가족 구성원이라는 단순한 이유로 받는
느낌이다. 가족 구성원이라는 사실은 다른 무엇으로도 바꿀 수 없다.
가족과 떨어져 홀로 살거나 몇십 년을 피해 살 수는 있어도, 가족의 존
재를 부정할 수는 없다. 스스로에게 솔직하다면, 가족 없이는 불완전
한 기분에 사로잡힐 것이다. 자신을 국민이나 문화의 일부로 느낄 때,
우리는 국가적 차원에서 **보라색**을 경험한다. 올림픽 경기에서 금메달
을 따거나, 자국 기업이 세계 무대에서 좋은 기회를 잡거나, 자국의 국
제적 지표가 다른 나라보다 상위에 올랐을 때 자부심을 느낀다. 하지
만 대개는 자신이 **보라색** 가치관과 연결되어 있다고는 인식하지 못한
다. 이 가치관 체계는 대체로 잠재의식에 묻혀 있다가, 출산이나 죽음
또는 강렬한 즐거움이나 재앙과도 같은 엄청난 정서적 사건이 일어날
때만 의식 위로 떠오른다. 이런 사건이 닥치면 어떤 구분이나 나뉨도
사라지고, 오직 서로 간에 나누는 연대감과 일체감만 남는다.

보라색 가치관 체계의 기원

기후변화로 자연환경이 바뀌면서, 우리 선조의 **베이지색** 두뇌가 좀 더

창조적인 방향으로 발달했다. 그 덕분에 수많은 도구를 만들어낼 수 있었고, 생존 기회가 늘었다. 동물 가죽으로 지은 신발과 옷으로 추위를 견뎌낼 수 있었고, 창과 활로 안전한 거리에서 사냥감을 잡을 수 있었으며, 불을 사용한 조리 방법으로 음식의 소화를 도왔다. 흙으로 빚은 그릇과 가죽으로 만든 물통에는 물을 더 오래 보관할 수 있었고, 동물 가죽으로 덧댄 집은 비바람을 막아주어 더 안전한 은신처를 제공했다. 이런 도구와 손재주 덕분에 인류는 **베이지색** 발달 기간에 더 좋은 수단을 더 빨리 획득할 수 있었고, 점차 다른 활동에 더 많은 시간을 쓸 수 있게 되었다. 언어 소통 능력이 발달하고, 대규모로 공동체를 이루어 생활하고, 남성과 여성이 독점적인 배우자 관계를 맺고, 사냥인과 채집인 사이에 노동 분업 등이 시작되면서 인간의 두 번째 발달 단계, 곧 나선 역학에서 **보라색**을 제시한 단계로 진입했다. 아마도 현생 인류(호모 사피엔스)는 초기부터 **보라색** 수준의 정신 능력을 갖췄을 가능성이 있지만, 이를 증명할 수 있는 고고학적 증거는 기껏해야 4만 년을 거슬러 올라갈 뿐이다. 피레네산맥 동굴에서 발견된 선사시대의 멋진 벽화는 이 시대에 만들어졌는데, 세련된 미적 의식과 영적인 생활 모습을 담고 있다. 그때 살았던 네안데르탈인과 비교해보면, 현생 인류는 이 **보라색** 발달 단계에서 두드러진 발전을 이루었다. 더 큰 규모의 공동체를 이루고 살면서 다른 부족들과 이런저런 도구를 교환했다. 현생 인류는 개인뿐만 아니라 집단으로도 발전할 수 있는 방법을 알았던 유일한 인간종이다. 그 덕분에 생존 기회를 늘릴 수 있었고, 빙하기를 견뎌내고 살아남은 유일한 인간종이 될 수 있었다.

보라색 가치관 체계의 특성

보라색 단계에서 우뇌가 뚜렷하게 발달했고, 그 기능으로 여러 개별 사건을 서로 연결할 수 있게 되었다. 아직은 논리적 사고가 제대로 발달하지 않은 터라, 빨강 머리 사람이 말썽을 일으키면 재깍 모든 빨강 머리 사람을 골칫거리로 여긴다든지, 누군가가 힘이 매우 세면 그의 머리칼에서 힘이 나온다고 여길 만도 했다. 연상 능력 덕분에 심상, 느낌, 소리를 언어라는 소통 도구로 결합할 수 있었다. 언어 소통 능력은 남성이 사냥을 하고 여성은 먹을거리를 채집하며 어린아이를 돌보는 등 서로 역할을 나누어 활동할 수 있게 해주었다. 더불어 연장자의 경험을 의식儀式을 통해서나 구전으로 젊은이들에게 전수할 수 있게 되었다. 사람들 간에 접촉도 깊어졌다. **베이지색** 단계에서는 사람들이 신체적 표현으로 관계를 유지했는데, **보라색** 단계에서는 언어를 사용해서 감정을 다른 사람과 공유할 수 있었다. 그리하여 인간은 자연보다 직계가족과 더 큰 일체감을 느끼기 시작했다. 이제 인간이 경험하는 가장 큰 관계성은 가족이다. **보라색** 단계에서 소통 능력이 향상되고 정서적 생활이 크게 발달했지만, 아직 자아의식이 출현하지 않아서 가족과 개인의 정서적 경험이 서로 뒤엉겼다. 그래서 그들의 내적 세계는 필연적으로 다른 사람들과 연결되었다. 이들의 혈연관계에는 조상이 반드시 포함된다. **보라색** 인간은 혈연관계에 있는 사람과 갈라놓을 수 없는 유대를 느끼며, 가족과 함께 있기에 예측할 수 없고 때로는 위협적인 외부 세계에서 안전함을 느낀다. 이들은 혈족이 아닌 사람과 자연을 외부 세계의 일부로 인식한다.

공동체에 끼치는 영향력

발달하는 사회적 기술과 전통, 혈연관계, 역할 구조와 같은 사회 통제 체제로 백 명을 넘어서는 꽤 크고 안정된 공동체를 형성할 수 있었다. 이런 공동체들은 종종 상호 관계를 유지할 만한 시간 여유가 많고, 풍요로운 시기에만 만나는 소규모 수렵-채집인으로 구성된 더 작고 유연한 부족으로 나뉘어 생활한다. **보라색** 발달 단계에 와서 사회 혁명이 일어났다. 언어를 사용하고, 상징적 표상을 창조하고, 전통과 의식과 제례가 발달하는 과정에서 인간의 역사 속에 문화라는 개념이 도입되었다. 언어는 이야기와 노래의 형태로 부모의 경험이 자식에게 이어질 수 있도록 해주었다. 할아버지, 할머니, 아버지, 어머니, 장손이 해야 하는 구체적인 역할로 세워진 가족의 지위 체계 속에서 역할 구조가 출현한다. 사망한 가족 구성원도 조상으로서 공동체 안에 남으며, 정중하게 매장된다. 허약하거나 장애가 있는 가족도 이제 더는 버림 받지 않고 가족 구성원으로 받아들여져 보호를 받는다. 다른 마을과 갈등하며 분쟁을 겪긴 하지만, 조직적인 전쟁과 상대방을 몰살하는 행동은 하지 않는다.

리더십의 중요한 특성

보라색 가족 문화에서 가장 높은 권위는 지식과 경험이 가장 많은 원로/연장자들이 차지한다. 원로들은 가장 중요한 결정을 함께 의논해서 내린다. **보라색** 단계에서 각자 맡은 역할에 담긴 차이점이 리더십을 도입하는 계기가 되었다. 가족 안에서 누가 대표자 역할을 맡을 것인지는 거의 언제나 남성과 연장자가 결정한다. 일상 생활에서 다른 역할과 리더십의 위계를 구분하는 지표는 거의 없다. 대표자는 중대한 결정과 지시를 내려야 하는 비상사태에만 핵심 역할을 한다. 그런 상황이 닥치면 가족의 연장자들이 임시 대표를 뽑지만, 위기가 해결되면 예외적인 대표의 지위는 사라지고 원로 회의에서 이를 최종 선언한다.

현시대의 예

현대 세계에도 극소수이긴 하지만 순수한 **보라색** 공동체가 남아 있다. 파푸아뉴기니의 깊은 숲속, 아마존 정글, 남태평양 폴리네시아 제도 같은 외딴 지역의 원주민 가족 문화에서 그런 공동체를 찾아볼 수 있다. 아프리카에서는 콩고 에페족과 칼라하리 사막 수풀 지역의 거주자들을 들 수 있다. 서양 사회에도 **보라색** 가치관 체계가 지배하는 공동체가 있긴 하지만, 이들은 얼마간 자신들보다 더 복잡한 **가치관 체계**의 영향을 받으며 살아간다. 롬인Rom[17]과 신티인Sinti[18] 등 유럽 유랑 민족 중 고립된 몇몇 가족 공동체가 여기에 해당한다. 끈끈한 가족 유대, 전통과 의식, 가족의 역할 구조, 가족이 아닌 모든 사람과 모든 것을 깊이 의심하는 태도 등이 **보라색**의 전형적인 특성이다. **파란색** 법률로 무장한 정부 권위자와 의무교육 제도에 특히 강한 의심을 보이는데, 이런 요소가 자신들의 가족 문화를 가장 크게 위협한다고 생각하기 때문이다.

---

17 전통적으로 유랑하며 살아가는 인도-아리아 계통의 민족 집단으로 전세계의 넓은 지역에 걸쳐 분포하나 현대 롬인은 유럽, 특히 발칸반도에 많은 인구가 거주한다.

18 롬인(집시족)의 한 하위집단으로, 주로 독일, 프랑스, 이탈리아 및 중부유럽에서 찾아볼 수 있다.

일반 특성

사고방식	
삶을 대하는 태도	가족 공동체 안에서 안정과 편안함을 추구한다.
기본 욕구, 삶의 주제	가족의 생존이 최우선이다.
맥락, 세계관	달래야 하는 자연 정령들이 지배하는 두렵고 신비로운 세계
기원	
시기	4만 년 전(호모 사피엔스가 살던 시기)
장소	아열대 지역
창시자	호모 에르가스테르$_{Ergaster}$[2] (190만 년 전)
두드러진 모습	
좋은 점	평화롭고 사이좋게 살아가는 가족 공동체
나쁜 점	외부와 격리된 채 구속하는 가족 관계
개인적 의미	
발달	연상 능력과 상상력, 언어능력, 결속력, 사회적 행동
특징	주술적, 미신적, 혈연관계 중심, 가족 구성원의 무조건적인 수용
행동	가족 전통에 따라 생활하기, 종교 의식 수행하기, 주술적 주문 외우기
사회	
에너지 공급원	불, 나무
사회 형태	수렵·채집 생활하는 유목민 가족 공동체
경제	식량과 도구 물물교환
새로운 화폐 형태	물물교환이 가능한 식량과 도구
종교	정령 숭배, 자연 정령들과 죽은 조상 모시기
문화 주제	엄숙하게 올리는 의식, 제사, 전통, 이야기, 상징과 주술적 표상

---

19 아프리카 동부와 동남부에서 기원했고, 약 190만 년에서 120만 년 전에 멸종한 화석 인류. 1972년에 영국의 인류학자 리처드 리키가 케냐의 한 호수에서 처음 발견했다.

예술 주제	선사시대 예술
지도자	고정된 가족 역할, 세대주, 부권
발명품(예)	종교적 대상물(토템), 부싯돌(화살촉, 도끼), 나무(카누, 창, 활과 화살), 동물 가죽(옷, 신발, 오두막), 흙으로 빚은 도구(항아리 등)
혁신	종교, 예술, 문화, 시신 매장과 화장, 장애 있는 사람을 보살핌, 소금 사용
새로운 부문	가족 구조, 부족
현시대의 예	
공동체	폴리네시아, 파푸아뉴기니, 아마존, 사하라 이남 아프리카 지역 가족 공동체 구조
유럽 지역 집단	유럽의 롬인과 신티인

보라색 조직의 특성

자질과 강점	
신조	손재주 좋은 사람이 최고
태도	동료와 함께 있을 때 안전함을 느낌
팀 실천 가치	우리 강점은 충성심과 사회적 유대감
중시하는 점	집단 전체와 그 집단의 생존
작업에서 강조하는 점	경험·지향, 수행 반복
자질(개인)	조심성, 솜씨 좋음, 행동 중심, 즉흥성
자질(대인 관계에서)	사회성, 충성심, 분위기에 민감한 성향, 좋은 동료
학습	체험 학습, 모방(스승과 도제)
지도자 원형	아버지/어머니 같은 가족형, 연장자/원로
의사결정의 기반	전통과 연장자 순위
특별한 가치	연상의 선배, 창업자
압박을 느낄 때의 특성	
행동	동료들 사이에서 지원과 안전을 추구한다.
최종 신뢰처	선임자, 창업자

두려움	따돌림을 당하는 상황
왜곡	
행동의 왜곡	별것 아닌 일에 야단법석을 떤다, 완고하다, 과거에 얽매인 삶
리더십의 왜곡	엄마 닭(엄마처럼 사람들을 돌보고 챙긴다.)
문화의 왜곡	변화에 반대한다, 중상모략, 충성하지 않으면 추방하거나 파문한다.

 빨강 – 의지력, 활동성, 열정

일단 사람들이 사유재산을 소유하기 시작한 순간, 인류 역사에 사납고 험난한 발달이 예고됐다. 사적 권력과 재산을 향한 욕망 때문에 가족과 결별하고 자신의 변덕스러운 욕구를 채우기 위한 가혹한 투쟁이 시작된다. 전쟁이라는 낯선 사건을 경험하게 되고, 유혈 사태가 벌어진다. 이 모든 상황을 고려하면, 누군가는 이런 국면이 과연 인류 발달을 보여주는 단계인지 의아할 수도 있다. 얼핏 보면 전쟁은 발전이 아닌 퇴보 같다. 그러나 의식이 새로운 수준으로 발달했다는 징후가 **나선 역학**에서 말하는 인류 발달의 세 번째 단계인 **빨간색** 국면에서 잘 드러난다. 개인은 자기 의지를 발견하고, 안전한 가족 환경에서 벗어나며, 주변에 자기 의지를 당당히 드러낸다. 이 단계가 그토록 많은 폭력과 어쩔 수 없이 함께 갈 수밖에 없느냐고 묻는다면, 흥미로운 질문이다. **빨간색** 가치관은 여태 국가의 권위를 인정하지 않고 법률도 거부하기 때문에, 현대사회는 수많은 노골적인 **빨간색** 현상에 맞서 고군분투하고 있다. 공공 기물 파손, 묻지 마 폭력과 강간, 명예 살인, 훌리건과 테러리즘 등이 그런 **빨간색** 현상에 해당한다. 이와 비슷한 상황

나선 역학 모델, 모든 것의 이론

을 맞닥뜨리면, 악은 악으로 맞서 싸우고 싶은 유혹을 느낀다. 이런 행동에 깔린 심리를 더 깊이 헤아리고, 강력하게 법을 집행하는 엄격한 접근 방식과 사람들이 더욱 발전할 수 있도록 돕는 유연한 접근 방식을 함께 활용하면 좀 더 건설적으로 다가갈 수 있다. **빨간색** 가치관 체계가 다음 단계의 가치관 체계인 **파란색**의 법적 틀 안에 안착하면, **빨간색** 특유의 막강한 힘은 화재를 진압하는 소방관, 거래를 성사시키는 데 열심인 영업사원, 강렬한 에너지를 폭발하는 운동선수들처럼 사회에 충실하게 기여할 수 있다.

빨간색 가치관 체계의 기원

기술력을 향상시키고, 수많은 도구를 발명하고, 소금과 같은 자연 자원을 이용하게 된 점도 **보라색** 단계의 인구가 증가하는 데 도움이 되었다. 주로 가죽을 벗기는 긁개나 창, 칼, 도끼, 화살촉처럼 부싯돌로 만든 도구의 수요가 늘어났다. 부싯돌은 한정된 지역에서만 얻을 수 있었기에, 손에 넣으려면 그 대가로 무언가를 제공해야 했다. 이런 점에서 도구는 제2의 기능을 하며, 물품과 교환할 수 있는 상품으로서 가치를 얻었다. 차츰 도구 제작과 거래라는 새로운 전문 영역이 출현했고, 사람들은 그 분야 전문가가 되기 위해 가족이라는 테두리를 벗어나야 했다. 특히 처음에는 구리와 주석이(이 두 광물이 있으면 청동을 합금할 수 있다), 그다음에는 철광석과 단조 기술이 발견되면서, 매우 탐나건만 희귀한 도구들이 사람 손에 들어왔다. 수요는 많은데 희귀한 물품은 사람들에게 탐욕을 불러일으키고, 전통적인 가족 구조를 무너뜨린다. 이런 도구를 얻는 대가로, 사람들은 그 소유자가 가족이 아니더라도 기꺼이 그에게 봉사한다. 이런 도구를 소유하면 다른 사람들을 부릴 수 있는 힘을 얻기 때문에, 도구는 훨씬 더 매력적인 소유물이 된다. 기원전 8000년께 중동 지역에는 엄청난 양의 구리가 매장되어 있었고, 주민들은 소유, 탐욕, 권력, 지위라는 현상을 처음 경험했다. 이 영향을 받아서 **보라색** 가족 구조로 된 공동체 사이에 보장되던 평등이 점차 깨지고 말았다.

빨간색 가치관 체계의 특성

인류의 발달 과정에서 **빨간색** 수준은 '자기 감각'의 깨어남과 관련이 있다. **빨간색** 단계에서 개인은 자신과 가족 구성원을 구분해서 보기 시작하며, 자기 의지를 발달시킨다. 그는 힘과 용기를 끌어내어 자연과 주변 사람들에게 자기 의지를 드러낸다. 그렇게 해서 억압으로 경험되던 모든 것에서 벗어난다. 여기에는 보호하되 제약도 하는 가족 관계도 포함된다. 사람들은 **빨간색** 단계에서 소유, 권력, 지위가 뿜어내는 매력을 발견한다. 이 부분은 사회가 형성되는 방식에 커다란 영향을 끼친다. 이제 자기 감각이 깨어나 자신의 욕망을 알아차린 개인은 물건이 희소해서 모든 사람이 다 욕망을 채울 수는 없다는 사실을 깨닫고 투쟁에 나선다. 사유재산은 사람들 사이에 질투심을 불어넣고, 질투심은 호혜적 가족 관계에도 압력으로 작용한다. 아직은 시간 개념이 매우 제한적으로 발달했기 때문에, 당장의 욕망을 채우는 데 모든 노력을 쏟아붓는다.

나선 역학 모델, 모든 것의 이론

공동체에 끼치는 영향력

사람들이 서로 평화롭게 살 수 있었던 비교적 평온한 **보라색** 사회는 끝이 났다. 희소한 대상물을 소유하려면 생사를 건 투쟁에 나서야 한다. 그래서 부족 내부에서는 폭력을 동반한 갈등이, 다른 부족하고는 서로 죽고 죽이는 전쟁이 희소한 부를 축적하기 위한 수단이 된다. 가장 힘세고 용기 있는 자가 최고 권력자로서 다른 사람들을 지배하고, 그들의 의지가 곧 법이 된다. 두려움과 공포는 권력자가 권력을 확장하고 유지하기 위해 사용하는 수단이며, 그가 존경과 아첨을 명령할 수 있는 토대가 된다. **빨간색** 단계에는 우월한 자에게 존경을 표현하는 일이 매우 중요하다. 가족이 아닌 사람들 사이에도 위계가 있다는 점을 명백히 인정하는 태도이기 때문이다. 가족이 아닌 사람에게 존경을 표현한다는 건 **보라색** 단계에서는 상상도 할 수 없는 일이다. 오직 가장 강한 자만이 살아남는 '정글의 법칙'이 확고한 믿음으로 널리 확산하고, 사람들은 '그들을 이길 수 없으면 그들과 어울려라'라는 운명론다운 실용주의를 따른다. 부족의 규모와 힘은 부족이 생존할 기회를 높이고, 전쟁을 치러 다른 부족을 복속시키는 과정에서 공동체 규모는 수천 명으로 확대된다. 이들 공동체는 '내가 곧 국가다'로 상징되는 전형적인 권력 문화가 지배하고, 최고 권력자와의 거리가 자신의 서열을 결정한다. 피라미드 꼭대기에는 지배자가 있는데, 사제들의 도움을 받는다. 사제 아래로는 군사를 이끌고 정복한 부족을 통제하는 군 지휘관이 자리를 잡는다. 피라미드 밑바닥에는 사유재산이 없는 사람들이 존재하는데, 탄압과 공포 확산이라는 수단으로 억압을 받는다. **빨간색** 사회는 부족이나 혈족의 수장 자리에 있는 전투적인 독재자들이 떠받친다. 이들은 서로 호의를 주고받으며 다른 강력한 지배자와 부정한 동맹을 맺기도 한다. 사회는 전쟁 상태가 끊이지 않고, 전쟁이 없는 평화로운 시기에도 다음에 있을 폭력적 갈등을 대비해 군사력 증강에 몰두한다.

리더십의 중요한 특성

이전 단계인 **보라색** 사회에서는 부족의 원로 위원회가 누구도 절대 권력을 쥘 수 없도록 예방했지만, 이제는 한 사람이 전사들의 충성심을 살 수 있고, 자기 가족 관계의 틀을 극복하기에 충분한 힘을 키울 수 있다. 그렇게 해서 다른 사람들을 지배하는 자신의 힘을 과시할 수 있으며, 마침내는 엄격하고 제약적인 가족 전통과 역할 구조를 무시하고 독재자가 된다. 아직은 도덕적 규율이 발달하지 않아서, **파란색** 가치관 체계가 출현할 때까지는 규율이 자리를 잡지 못한다. 충성심을 끌어 올리기 위해서라면 뇌물과 부패가 여봐란듯이 통하기 때문에, 사람들은 아무런 죄의식도 느끼지 않는다. 그렇긴 해도 이런 환심에서 나온 충성심은 몹시 불안정하기 마련이어서, 지배자와 경쟁 관계에 있는 인물이 더 큰 호의를 베풀면 충성스럽던 부하가 돌연 배신자가 될 수도 있다. 쇠약해지거나 경계심이 느슨한 틈을 타 경쟁자가 무자비하게 공격해오기 때문에, 당연히 지배자는 끝없는 공포 속에 있을 수밖에 없다. 지배자는 '분리해서 지배한다'는 정책을 활용해 지위를 유지하려고 한다. 어쩔 수 없는 상황에서는 부득이하게 경쟁자와 기회를 나누지만, 유리한 기회를 잡을라치면 경쟁자와 무자비하게 싸울 것이다. 공포심은 종종 권력을 위협하는 경쟁자를 모조리 제거하도록 내몬다. 역사를 돌아보면 칼리굴라와 네로 같은 로마제국 황제부터 모든 잠재적 경쟁자를 조직적으로 제거한 스탈린, 폴 포트, 사담 후세인 같은 현시대 인물까지 수많은 **빨간색** 독재자들로 넘쳐난다. 성공적인 **빨간색** 지배자들은 평화로운 시기에는 대개 성공적이지 못한 통치자다. 자신의 관심사와 눈앞의 성공에만 집착할 뿐, 단단하고 안정된 공동체를 만드는 일을 하기에는 지나치게 충동적이기 때문이다.

현시대의 예

빨간색 가치관 체계가 주도하는 공동체는 현시대에도 많다. 모든 권력은 영광을 즐기는 지배자, 자신의 부를 지키기 위해 소수의 귀족 혈족과 함께 무자비하게 다수를 착취하는 절대 지배자의 손아귀에 있다. 부패와 계엄령 상태가 영구히 지속되고, 인권 존중은 찾아볼 수 없으며, 공포와 테러가 확산하고, 암살단과 비밀 요원을 운영하고, 인종 차별적인 억압이 횡행하고, 선거를 조작하고, 언론을 장악하고, 지식인과 도시민 전반의 반대 의견과 의심을 제거하는 등의 행태는 독재자로도 알려진 **빨간색** 지배자가 장악한 사회의 공통된 특징이다. 무정부 상태로 와해되고 권력자끼리 싸움을 벌이는 불안정한 국가에서도 **빨간색** 생활조건이 지배적이다. 문명 세계에서 이런 **빨간색** 특성을 야만으로 바라본다는 건 전 세계 대중의 여론이 이 수준을 넘어섰다는 증거다. 루카셴코의 벨라루스, 카리모프가 지배하던 우즈베키스탄, 니야조프의 투르크메니스탄, 무가베 지배 아래에 있던 짐바브웨, 김정일의 북한 같은 독재국가 또는 소말리아, 남수단, 시리아, 리비아처럼 군부가 장악한 불안정한 국가들이 국제사회에서 숱한 비난을 듣는 것도 그래서다.

최근 아프가니스탄, 이라크, 말리, 알바니아 같은 나라에서 볼 수 있는 위대한 '국가 수립' 활동은 **빨간색** 가치관 체계를 넘어선 국가로 발돋움하는 데 목표를 둔다. 유럽연합에 가입하기 위한 가장 중요한 요건에는 시민 행정 기관이 **빨간색** 수준을 넘어섰다는 점을 보여주는 기준과 검증이 포함된다. 네덜란드 사회도 청년 갱단, 빈둥거리는 젊은이들, 이동주택 주차장 거주자들 그리고 앤틸리스 제도Antilles[20]나 카보베르데[21] 빈민촌이나 모로코 리프산맥 출신처럼 **빨간색** 가치관 체계를 간신히 벗어났거나 아직 벗어나지 못한 사회에서 넘어와 매우 활동적인 **빨간색** 체계의 특성을 지닌 이주 집단들과 씨름하고 있다.

일반 특성

사고방식	
삶을 대하는 태도	나 자신만을 믿으며 즉시 욕구를 채운다.
기본 욕구, 삶의 주제	본능적 충동을 즉시 해결하고 관심사를 추구한다. 열정적인 삶을 위한 갈망과 욕망
맥락, 세계관	세상은 거칠고 고된 곳이다, 지배할 것이냐 지배당할 것이냐가 중요하다, 최고로 강해지기 위한 힘과 재산을 추구한다.
기원	
시기	1만 년 전(구리 사용)
장소	근동 지역
창시자	메소포타미아 사람들

---

20 카리브 해의 서인도 제도의 섬 중 루케이언 제도를 제외한 섬을 일컫는다.

21 서아프리카 대서양에 위치한 섬나라로 영어로 케이프버드라는 이름으로도 알려져 있다.

두드러진 모습	
좋은 점	광석 채굴, 영웅적 정복, 교역 등장, 해방운동('저항자')
나쁜 점	집단 학살, 전쟁, 약탈, 혁명, 독재 권력, 범죄, 강간, 무의미한 폭력, 테러리즘
개인적 의미	
발달	자아의식, 개인적 의지와 용기
특징	삶을 향한 갈망과 열정, 자신의 관심사, 소유하려는 욕구와 권력 욕망, 착취적 독립성, 자기-확대, 죄의식으로 억제하지 못하는 행동
행동	목표에 헌신하기, 관심사 추구하기, 유혹, 교묘한 술수, 끝도 없이 권력, 재산, 성적 만족 추구, 충성 강요, 지배할 것인가 지배당할 것인가
사회	
에너지 공급원	장작 난로, 노예, 말, 풍력(항해하는 배)
사회 형태	힘 있는 자가 지배하는 부족 구조, 독재적인 국가와 정당과 이익집단
경제	채굴과 광석 처리, 화폐 시장, 희귀 물품과 장식품 거래, 노예 거래
새로운 화폐 형태	(준)귀금속 동전(금, 은, 동, 구리, 주석)
종교	이기적이고 복수심으로 가득 찬 신들을 숭배하고 제물 바치기
문화 주제	폭군과 신을 위한 숭배
예술 주제	이집트, 헬레니즘, 로마, 에트루리아 예술
지도자	권력자, 폭군, 독재자
발명품(예)	화폐, 무기, 장식품(대체로 금속 제품)
혁신	무역, 무예, 광석 채굴
새로운 부문	정치적으로 운영되는 회담, 경찰, 군대
현시대의 예	
공동체	미얀마, 북한, 투르크메니스탄, 아이티, 라이베리아, 소말리아
유럽 지역 집단	빈둥거리는 젊은이들, 범죄 집단, 앤틸리스 제도(빈민가)와 카보베르데와 리프산맥 출신 이민자들, 피난민 캠프 거주자들

빨간색 조직의 특성

자질과 강점	
신조	'뜻이 있는 곳에 길이 있다.'
태도	'지배하라 아니면 지배당한다.
팀 실천 가치	'모든 것은 강력한 리더십에 달렸다.'
중시하는 점	빠른 성공과 단기 성과
작업에서 강조하는 점	평가 점수, 주도권
자질(개인)	용기, 결단력, 단호한 태도, 열정
자질(대인 관계에서)	지시 능력, 사람들을 동원하는 능력, 결단력, 자연스러운 권위
학습	좋은 행동이나 성과에 직접 보상하며 길들이기, 직접 해보면서 배우기
지도자 원형	권위주의자/독재적 지도자
의사결정의 기반	권력에서 나오는 지위
특별한 가치	개인적 힘
압박을 느낄 때의 특성	
행동	교묘한 조작, 거만함, 단호한 태도(다른 행동 특성은 아래 '왜곡' 참조)
최종 신뢰처	개인적 포부와 관심사 및/또는 지배적인 리더십의 지원 추구
두려움	체면을 손상하거나 존중과 존엄을 잃는 상황
왜곡	
행동의 왜곡	마초적 행동, 기회주의, 도덕적이지 않은 행동(성, 권력, 돈)
리더십의 왜곡	독재 권력
문화의 왜곡	그날그날 오락가락하는 변덕

나선 역학 모델, 모든 것의 이론

📊 파랑 – 질서와 도덕성

채집 생활에서 농경 생활로 넘어간 사건은 인류 발달의 네 번째 단계, 곧 **나선 역학**에서 **파란색**으로 표현하는 단계가 출발점이라는 특징이 있다. 먹을거리가 풍족해서 인구가 엄청나게 증가했다. 많은 사람이 한곳에 정착해 살면서 복잡한 공동체가 출현했고, 안정을 확보하기 위한 구조와 권위가 필요해졌다. 개인 권력이 지탱한 **빨간색** 위계 구조의 독단을 뛰어넘고, 모든 사람에게 적용할 수 있는 법률에 따라 구현된 권력 중심인 교회, 국가, 군대가 제도로 자리 잡는다. **파란색** 체계 내부에서도 시민권, 도덕성, 규범과 가치관, 정의, 책임감, 죄의식, 의무, 애국심 같은 개념을 중요하게 여긴다. **파란색** 체계가 발달하면서, 수백만 명이 모인 민족국가가 탄생할 가능성을 열어놓았다. 민족국가는 한 세기 동안 부족들을 통합하는 과정에서 일정한 생활조건을 확립하고, 마침내는 하나의 국가로 구현된다. 평화와 질서를 만든 **파란색** 가치관 체계는 현대사회의 아킬레스건이기도 하다. 무슨 일인가 잘못되면, 예를 들어 무법 상태가 되거나 도덕감각이 쇠퇴하면, 불법과 부패가 만연하고 공공 생활은 침체된다. 도덕감각이 완전히 사라지면 오늘날 소말리아나 아이티에서 벌어지는 사태처럼, 국가는 무정부 상태가 되고 여러 종족은 권력에 굶주린 채 서로 싸움질하는 군벌들 손아귀에 들어간다. 네덜란드에서는 가톨릭교와 개신교, 자유 진영과 사회주의 진영이 함께 **파란색** 문화의 전형을 일궜고, 19세기와 20세기 대부분 기간에 그런 **파란색** 상태에서 공공 생활을 누렸다. 네덜란드가 지금은 당연하게 여기는 복지국가로 발돋움한 데는 다른 진영들과 사회의 초석인 가족의 역할이 컸다. 안정성이 사라지고 도덕성이 해이해지는 문제가 표면에 다시 등장하면 **파란색** 가치관을 요구하는 목소리가 커지는데, 이때가 **파란색** 가치관 덕목을 회복해야 할 시기다.

파란색 가치관 체계의 기원

공동체가 **빨간색** 권력 구조 안에서 성장하면 권력 추구를 제어할 내부 장치가 없어 불안정해진다. **빨간색** 사회를 지탱하는 주관적인 개인 권력에서 벗어나 일반적으로 적용할 수 있는 객관적인 법률과 규제에 따라 법을 집행하는 방향으로 넘어갈 때만 크고 안정된 공동체를 꾸릴 수 있다. 달리 말하면, 권력을 제도로 정비해야만 크고 안정된 사회를 다질 수 있다. 이 말은 전능한 권력의 일부를 사법부, 군대, 교회, 행정부 같은 제도가 서로 공유할 때 비로소 독재자의 절대 권력이 최소한 일부라도 종식된다는 뜻이다. 대략 기원전 8000년경, 인류는 중동 지역에 펼쳐진 야생 곡창지대에 정착해 살면서 처음으로 **파란색** 능력을 획득했다. 한 지역에 머무르며 곡식과 가축에 의존해 살아가다 보니, 차츰 계절 변화에 맞춰 식물과 동물이 반복해서 질서정연하게 성장하는 과정을 더욱 잘 살피게 되었다. 그 결과, 하루하루에서 완전한 계절로 시간 개념이 엄청나게 확장되었다. 이제 사람들은 수확기가 끝나면 곡물이 바깥에서 썩지 않도록 저장하기 위해 저장고를 비우는 작업을 하듯이 앞으로 해야 할 일들을 다른 어느 때보다 더 잘 헤아릴 수 있었다.

파란색 가치관 체계의 특성

인과관계를 헤아리는 인간의 능력이 향상되고 시간 개념이 엄청나게 확장된 사건은 농업의 발전을 이끌었다. 앞으로 수확하게 될 풍족한 곡물을 마음속에 그려볼 수 있었고, 곡식이 다 자랄 때까지 기다리는 인내심도 기를 수 있었다. 더불어 되도록 최대한 수확하기 위해 이런저런 활동을 하기도 했다. **베이지색**이나 **보라색**이나 **빨간색** 단계에 있는 사람들이라면 곡물을 수확하는 과정이 진행되는 동안 자신이 무슨 일을 했는지 잊어버렸을 것이다. **빨간색** 단계에서는 욕구를 채우려는 충동이 여전히 논리적 사유의 출현을 막아선 채 행동을 결정했지만, **파란색** 단계에서는 스스로를 통제하고 충동적으로 행동하기 전에 생각을 해볼 수 있을 만큼 사고력이 발달했다. 사람들은 자연법칙을 깨우쳤고, 거기서 규칙을 찾아내 농사 달력에 기록했다. **파란색** 단계 사람들은 규칙을 따르며, 자신들의 미래 조건을 좌우할 수 있다. 일상에서 반복되는 삶은 점차로 사람들의 활동을 규정하고, 그러다 보면 얼마간 사람들의 행동을 예측할 수 있게 된다. **파란색** 가치관 체계가 떠오르는 시기와 종교 영역에서 유일신 숭배로 넘어가는 시기는 서로 일치한다. 천상과 지상의 지배자인 유일신은 무엇이 선이고 악인지를 밝힌 율법과 거기에 비추어 어떻게 보상과 처벌을 받을 것인지, 삶에는 어떤 목적과 운명이 있는지, 곧 어떻게 하면 천국에 들어갈 수 있는지를 알려주었다. 허용되는 것과 그렇지 않은 것을 가늠하는 도덕성이 인류에게 스며들었고, 마음에 자리를 잡은 양심 덕분에 신의 메시지를 이해할 수 있었다. 신성한 율법은 평범한 신자들뿐만 아니라 사제와 세속의 지도자들에게도 적용되기에, 그들도 평범한 시민들과 마찬가지로 자신들의 행동을 신에게 해명해야 할 의무가 있었다. 도덕성을 인식하고 양심이 발달하면서 죄책감, 불복종, 의무감, 무법 상태와 정의, 진실과

거짓, 죄와 미덕, 헌신과 참회, 명예, 수치심 같은 개념이 중요하게 여겨졌다. 일상의 욕구를 채우는 일은 이제 더는 최고 우선순위가 아니었고, 대신에 사후 차지하게 될 자리를 확보하기 위해 신에게 봉사하는 고결한 삶이 중요해졌다. **파란색** 단계에서는 규칙을 어기면 죄의식과 수치심을 느끼지만, 도덕성을 모르는 **빨간색** 단계 사람들에게 수치심과 죄의식은 전혀 낯선 감정이다.

공동체에 끼치는 영향력

농사와 가축 사육으로 넘어간 생활조건은 엄청난 결과를 몰고 왔다. 인간은 처음으로 '자연이 인간을 위해 일하는 생활'을 하게 되었다. 농업과 축산 분야에서 수확량이 엄청나게 증가한 덕분에, 식량 공급을 위한 생산 활동에 예전보다 적은 인원만 필요한데도 인구는 놀라운 속도로 증가할 수 있었다. 마을 공동체는 대도시로 확장되었고, 매우 전문화된 거래가 다양하게 출현했다. 도시 전체가 복잡해지면서 중요한 발명품도 수없이 등장했다. 화폐는 물물거래 시스템을 단순하게 만들고, 기록물은 지식을 보존하고 전파하는 데 한몫하며, 법률은 허용되는 행동과 그렇지 않은 행동을 규정한다. 행정부, 군대, 교회 같은 기관이 출현하고, 세금 징수원, 행정 공무원, 서기, 경찰관, 판사, 군인, 사제 같은 기관의 전문가들이 법률과 규정에 따라 일을 처리한다. 복잡한 도시 공동체에는 행정조직이 더 필요해지고, 일반 대중의 삶 위에 올라선 행정 엘리트 계급이 새로이 출현한다. 이 엘리트 계층도 성직자에게 복종할 의무가 있는데, 성직자는 지상에서 신의 권위를 대리하며 신의 관심사를 보호하기 때문이다. 신과 신의 가르침은 절대적이고 영원하다. 다른 종교에서 기도문을 벗어나는 행동은 그 자체로 신성모독이기에 수단과 방법을 가리지 않고 막아야 하는데, 그 결과 '우리 대 그들'이라는 사고방식이 확고하게 틀을 잡는다. 모든 종교 운동은 신의 계시를 해석한 자신들의 교리만이 유일한 진실이고 자신들만이 유일하게 신의 선택을 받은 선민이라고 주장하며, 신의 말씀을 전파하고 이교도와 배교자를 개종하게 만들 의무가 있다고 느낀다. 변절자, 이단자, 이교도, 마녀와 같은 반대자 처형은 신성한 과업이다. 십자군 전쟁과 마녀사냥은 신성한 의무감으로 자행되었고, 정당한 것으로 받아들여졌다. 공동체는 정체성을 포기할 준비가 된 이방인만을 받아들였다. 이방인들은 지니고 있던 신념, 가치관, 이전 문화의 전통과 관습을 버리고 새로운 공동체에 완전히 동화되어야만 했다. 이교도와 싸우는 전장에도 나가고 막대한 개인 희생을 치를 준비가 된 신자는 천국에서 한 자리를 차지할 수 있을뿐더러 지상에서도 영웅으로 추앙받는다. **파란색** 가치관 체계는 시계 장치에 견줄 만큼 빈틈없는 질서와 예측 가능한 사회를 구축했고, 그 안에서 사람들은 인간관계를 맺고 일련의 규칙에 따라 살아간다. 서양의 중세 봉건사회는 귀족, 성직자, 농부라는 세 계층으로 엄격하게 구분된 **파란색** 사회의 탁월한 예이며, 세 계층 사이에는 분업이 뚜렷했다. 길드 시스템을 갖춘 이런 계층 사회는 **파란색** 특성을 띤 19세기와 20세기의 사회와 종교를 떠받친 기둥의 전조였다.

리더십의 중요한 특성

예측 불가능하고 부도덕한 독재자들의 행동은 이제 받아들이지 않는다. 교황이 집전하는 국왕 대관식에서 황제나 왕이 성직자 앞에 허리를 굽히는 행동은 비록 군주라 해도 신성한 율법과 도덕률을 섬겨야 한다는 원칙을 상징한다. 이런 의식은 **빨간색** 리더십에서 **파란색** 리더십으로 전환되었다는 표지, 곧 황제라 해도 최소한 공식 석상에서는 개인적 관심사를 넘어 신의 관심사를 대변해야 한다는 점을 상징적으로 보여준다. 여기에 권력을 쥔 **빨간색** 장수가 들어설 틈은 없다. **빨간색** 권력자의 신뢰할 수 없는 행동은 그들보다 위계가 높은 왕이 점검하고 통제한다. 왕은 교황에게 복종해야 하고, 귀족은 왕에게, 농부는 농지를 소유한 귀족에게 무조건 복종해야 한다. 가족 안에서는 남자의 말이 곧 법이다. **파란색** 리더십은 전적으로 가부장적이며, 공동체와 문화의 생존을 위해 설계된다. 지도자는 모든 것의 지속성을 가장 잘 보장하는 질서와 안정성을 제공해야 한다. 톱니바퀴의 작은 이처럼 모든 이가 개인적 관심사를 넘어 더 높은 목적을 실현하기 위해 자신의 역할에 전념한다. 일관성과 획일은 **파란색** 리더십의 중요한 특징이다. 일탈 행동은 시계 장치 속 모래알로 비쳐, 평화와 질서를 혼란에 빠뜨리기에 엄중하게 다룬다.

현시대의 예

가장 많이 언급되는 오늘날 **파란색** 사회의 예는 중동 지역에서 볼 수 있다. 이슬람의 절대 진리에 바치는 신성한 믿음, 쿠란을 문자 그대로 해석한 교리, 민간 기관과 종교 기관이 한데 섞인 사회상 등은 이슬람 율법을 강요하는 이란과 사우디아라비아 같은 국가에서 볼 수 있는데, 이들이 진부하긴 하지만 가장 순수한 의미에서 **파란색** 사회의 예다. 인도의 카스트제도를 따르는 힌두 사회, 불교 국가인 부탄, 가톨릭

국가인 폴란드, 봉건적 가톨릭 국가인 볼리비아처럼 세분화된 모든 믿음은 자신만의 변형된 **파란색** 특성의 전형을 보여준다. 세속적인 **파란색** 사회의 변형도 존재한다. 이런 사회의 지배자는 신의 존재를 부정하고, 자신을 도덕적인 최고 권위자로 내세우며 자신의 절대적인 가르침을 따르게 한다. 마오쩌둥의 작은 책인 《붉은 보서寶書》, 카다피의 《그린북》, 스탈린의 마르크스 가르침, 카스트로의 사회주의 가르침 등이 여기에 해당한다. 어떤 신조든 모든 (종교적) 광신주의는 **파란색** 가치관 체계의 경직된 표현으로, 그곳에선 매우 발달된 **빨간색** 가치관 체계가 모습을 감춘다. 광신주의는 지하드파와 IRA 혁명주의자들에게서 나타나지만, 정통파 유대 식민지 사람들, '다시 태어난 기독교인', 엄격한 네덜란드 교회 공동체 같은 온건한 집단에서도 찾아볼 수 있다. 상위 가치관 체계가 발달한 모든 사회에서는 고도로 발달한 **파란색** 가치관 체계가 꼭 필요한 안정성을 제공한다. 헌법, 법률, 법을 집행하는 체계는 입법 국가의 주춧돌로서 큰 역할을 한다. 오늘날 네덜란드 사회에서도 얼마간 **파란색** 가치관 체계를 드러내는 집단을 여럿 볼 수 있다. 네덜란드의 개신교 신자, 가톨릭교 신자, 정통파 무슬림 종교 운동가 그리고 보수 성향의 귀족, 국수주의 성향이 짙은 민간 공동체 집단들이 그 소수의 예에 해당한다.

일반 특성

사고방식	
삶을 대하는 태도	우리는 신의 가르침과 신을 향한 믿음으로 살고, 신과 우리를 보살피는 권위자들에게 봉사한다.
기본 욕구, 삶의 주제	삶은 의미가 있고, 신과 권위자를 섬기면 좋은 자리(천국에서 한 자리를)를 차지할 수 있다.
맥락, 세계관	영원한 우주의 중심에서 세상이 질서정연하게 돌아가도록 이끄는 건 신성한 율법이다.
기원	
시기	1만 년 전(농업 출현)
장소	이라크의 유프라테스강과 티그리스강 유역
창시자	신석기 문화의 작은 공동체들
두드러진 모습	
좋은 점	봉건적 중세시대, 도시 출현, 국가 형성
나쁜 점	십자군 전쟁, 마녀사냥, 절대주의, 제국주의, 종교적 테러리즘
개인적 의미	
발달	인과관계를 헤아리는 능력, 도덕감각, 양심과 죄의식, 정의감과 책임감, 자기 조절
특징	가치관과 규범, 규율, 질서와 구조, 의무감, 명예감, 죄책감, '우리 대 저들'이라는 이분법적 사고방식
행동	신조와 권위에 충성심을 보인다, 해야 할 과제를 완수한다.
사회	
에너지 공급원	짐을 나르는 가축, 나무와 토탄, 풍력과 수력(풍차와 돛단배)
사회 형태	도시, 국가, 군주제, 사회 계층, 종교 사회적 지주, 중산층
경제	농업과 목축이 떠받치는 봉건제도, 가내공업(방적과 베틀로 천 짜기), 중산층
새로운 화폐 형태	채권, 대출
종교	제도권에 있는 종교로 개종

문화 주제	신을 향한 헌신과 숭배, 애국심 표출
예술 주제	비잔틴 예술, 고딕, 바로크, 로코코 양식
지도자	가부장, 교황, 군주, 섭정
발명품(예)	농업과 축산, 글쓰기, 법률과 규약, 건축, 관개시설, 도로 건설과 수자원 관리, 해상 교역
혁신	제도 확립(국가, 교회, 군대, 사법제도), 공예품, 계층 사회
새로운 부문	공공 분야(수자원 관리, 교육, 사법을 포함한 행정부), 교회 기관, 시민사회, 소규모 상업, 협동조합
현시대의 예	
공동체	사우디아라비아, 이란, 인도의 카스트제도, 이스라엘의 정통파 종교 단체, 미국의 청교도 공동체('다시 태어난 기독교인'), 종교 내부의 각종 종파
유럽 지역 집단	엄격한 교회 공동체, 무슬림, 전통적 시민, 보수 성향의 자유주의자, 귀족

파란색 조직의 특성

자질과 강점	
신조	'행동하기 전에 생각하라.'
태도	'해야 할 임무는 의무적으로 한다.'
팀 실천 가치	'모든 사람은 커다란 위계 시스템의 부속품이다.'
중시하는 점	작업 과정, 절차, 규칙, 규범, 가치관
작업에서 강조하는 점	해야 할 일을 되도록 정교하게 끝낸다.
자질(개인)	전문성, 성실성, 올바름, 규율 바른 행동
자질(대인 관계에서)	조직 능력, 신뢰성, 권위에 복종하기
학습	사실을 '절대' 진리로 흡수하고, 처벌을 회피하며 배운다.
지도자 원형	공식 권위
의사결정의 기반	법규, 규칙, 위계
특별한 가치	대의를 위해 스스로 희생

압박을 느낄 때의 특성	
행동	독단적, 의무적, 위험 회피, 규범적(다른 행동 특성은 아래 '왜곡' 참조)
최종 신뢰처	명확한 규칙과 처방, 전문 기관
두려움	확실성이 사라지는 상황
왜곡	
행동의 왜곡	엄격성, 심판적, 우선권(우리와 다른 유형의 사람을 비교한다.)
리더십의 왜곡	무비판적인 시스템 종속
문화의 왜곡	관료주의

 오렌지 – 자기 계발과 합리성

처음에는 르네상스가, 그다음에는 계몽주의가 진행되는 동안, 합리적으로 사고하는 개인의 발전과 물질적 행복이라는 개념에 초점이 맞춰졌다. 이성과 합리성을 향한 믿음은 과학적 사고의 화려한 꽃을 피웠고, 원자재 개발과 상품의 대량 생산은 유례없는 물질적 풍요를 가져왔다. **나선 역학**에서는 다섯 번째에 해당하는 이 발달 수준을 **오렌지색**으로 표현한다. **오렌지색** 사상의 기원은 고대 그리스 문명에서 찾아볼 수 있지만, **오렌지색** 최초 통치자는 로마제국의 일부 황제들이고, 많은 **오렌지색** 발명품은 이탈리아와 프랑스에서 나왔다. 정치, 종교적 태도 그리고 특히 폭넓은 경제 체제 같은 국가 구조에 **오렌지색**을 처음 도입한 나라는 네덜란드다. **오렌지색**의 개척자였던 네덜란드는 황금기 동안 역사상 '최고의 시기'를 보냈다. 네덜란드 역사에서 이때만큼 영광스러운 시기는 없었다. 오늘날 네덜란드가 누리는 명성도 대부분 이 시

기에 시작되었다. 네덜란드를 이런 변화로 이끈 귀족은 국부國父로 알려져 있는데, 그의 이름을 **나선 역학**에서 쓰는 용어로 말하자면 참으로 딱 들어맞게도 '오렌지의 윌리엄William of Orange'이다.

오렌지색 가치관 체계의 기원

파란색 시절에는 농산물과 축산물이 풍족해서 사람들이 생활환경을 완전히 새롭게 꾸릴 수 있었다. 도시 생활에는 농촌 생활보다 더 많은 의존성, 역동성, 복잡성이 따른다. 도시가 유지되려면 상품 교환이 원활해야 하기 때문에, 화폐가 도시 생활에서 큰 비중을 차지할 수밖에 없다. 도시 거주자들의 삶에는 돈을 벌고 돈으로 물품을 교환하는 활동이 중요한 역할을 한다. 그들은 시장에서 생활 필수품을 구입하고, 상품을 팔거나 용역을 제공해서 돈을 번다. 도시는 상업적인 이유로 다른 도시와 경쟁할 수밖에 없는데, 이런 경쟁이 도시 거주자들의 창의성과 임기응변 재능을 자극한다. 중세 이후로 눈에 띄게 발달한 도시 생활은 시민들에게 엄청난 자유를 허용하지만, 다른 한편으로 더 많은 자립성을 요구하기 때문에 거주자들의 심리적 발달을 자극한다. 매우 역동적인 이런 생활 방식은 거주자들이 세속적 생활에 눈을 돌리도록 만든다. 교회가 이제 더는 신자들에게 복잡한 생활환경 전반을 적절히 설명해줄 수도, 적용할 만한 지침을 제공해줄 수도 없기 때문에 교회의 권위는 점차 사라지고, 사람들은 용기를 얻어 스스로 생각하고 스스로 만족할 만한 해답을 찾으려 힘쓴다. 15세기 르네상스 시기에는 종교의 시대 이전인 고대 그리스의 철학 문헌들이 사회 전위파 예술가들에게 영감을 주는 중요한 원천이었다. 피타고라스, 소크라테스, 플라톤, 아리스토텔레스, 프톨레마이오스 같은 철학자들의 저술에서 과학적 사고가 발달했다. 기원전 500년경 고대 그리스 아테네에서 시작된 '민주 정부'와 '개인의 자유' 같은 관념이 재발견되어, 18세기 계몽주의 시대에 근대 서양 국가의 근본을 세우는 데도 도움을 주었다.

오렌지색 가치관 체계의 특성

오렌지색 가치관 체계에서 사람들은 더는 사후에 좋은 삶을 보장받기 위해 행동하지 않고, 이곳 지상에서 자신을 둘러싼 생활조건을 향상시키는 데 초점을 맞춘다. 그들은 쌓은 지식으로 자연의 힘을 이해하고 통제할 수 있다는 사실을 깨닫고, 자신이 지상에 있는 세속적 존재의 질을 결정하는 주체라는 점 그리고 신이나 타인과는 별개로 스스로 삶의 질을 향상시킬 수 있다는 점을 더욱 확신하게 된다. 인식하고, 양적 분석을 하고, 결론을 내리고 행동하는 식으로 논리적 사고가 발달한 덕분에, 그런 일이 가능해진다. 집단에 겸손하게 스며드는 **파란색** 상태는 이제 더는 성공의 기준이 아니다. 그보다는 오히려 개인 자신의 계발과 물질적 번영, 지위, 성취를 가장 뚜렷한 성공 요인으로 본다. 원칙상 모든 사람이 자신을 둘러싼 생활조건의 질을 오롯이 책임지기에 충분한 정신 능력을 갖췄다고 주장하는 인본주의 접근 방식이나 자유주의 접근 방식이 출현한다. 인본주의자들은 인간이 자율적인 사람들로 구성된 이상적인 사회를 건설할 수 있을 만큼 충분히 현명한 존재이거나 그런 존재가 될 수 있다는 무한한 믿음을 공유한다. 인종, 종교, 소속 국가를 가리지 않고 모든 사람에게 그런 믿음을 적용하는 **오렌지색** 철학에는 전 세계 모든 사람이 사회계층이나 종교라는 좁은 한계를 뛰어넘을 수 있다는 신념이 담겨 있다. 그들에게 이제 외부 세계는 위협적이기는커녕 그저 탐색을 기다리는 기회로 가득한 넓은 바다와도 같은 곳이다. 여기서 필요한 것은 모든 사람이 자신을 해방시키는 과정에서 교육을 거쳐 자기 결정력을 인식하고 정신 훈련을 거듭해 합리적 사고력을 발달시키는 일이다. 사회에서 일정한 위치를 요구하는 종교 운동이나 사회계층을 동원해 집단적 해방 과정을 추구하는 단계가 **파란색**이라면, **오렌지색**은 개인이 해방되는 과정에 관심을 둔다. 이제 인간은 고유한 의지와 의견을 지닌 한 사람의 개인, 마땅히 자신의 능력을 개발하고 사용할 기회를 평등하게 보장받는 개인이 된다. 자신의 능력을 믿는 자세는 스스로 최선을 결정하도록 이끌어주며, 더는 법이나 제도나 기관이 자신을 대신하도록 허용하지 않는다.

공동체에 끼치는 영향

공공 생활의 강조점은 농촌 지역의 농부와 귀족 계급에서 도시 시민으로, 그러다 마침내는 대도시로 명백히 옮겨간다. 도시 생활은 인간 개개인이 **오렌지색**으로 발달할 수 있는 풍요로운 기반을 제공한다. **오렌지색**은 **파란색**의 민족국가와 엄격한 종교적 가르침의 한계를 뛰어넘으며, 시민들은 자국의 문화적 영향력이 미치는 범위 너머에 있는 다른 문화에도 호기심을 보인다. 다른 문화에서 나온 아이디어와 발명품을 흥미롭게 관찰하고, 쓸 만하면 기꺼이 받아들인다. 이주민에게도 그들의 개성을 간직할 수 있도록 더욱 많은 것을 허용하고, 도시 인구의 구성은 더욱 다면적으로 변화한다. 세계를 과학적, 경제적으로 정복하려는 새로운 전쟁터가 나타난다. 무역의 제약을 철폐하고 자유 경쟁을 토대로 삼아, 세계는 자유로이 상품과 용역을 교환할 수 있는 단일 시장이 된다. 이제 세계를 정복하는 수단은 군사적 힘이 아닌 기업가들의 수완이다. 조직은 이윤을 극대화하려 힘쓰고 경쟁자와 겨루는 자리에서 자신들의 지적 능력과 탁월성을 발휘해 더욱 높은 점수를 따내려는 경제 전문가들로 구성된다. 과학은 증기기관과 내연기관 같은 유용한 제품을 수없이 발명해내고, 그 덕분에 공장에서는 생산 공정에 엄청난 에너지를 끌어다 쓸 수 있다. 이런 움직임이 산업혁명을 이끌었다. 산업혁명은 점점 더 적은 비용으로 더욱 많은 상품을 대량 생산할 수 있게 해주었고, 지금은 소비자가 되어버린 사람들의 물질적 욕구를 채워주었다. 자본가와 노동자라는 새로운 사회 계급이 무대에 등장하고, 이들 사이에 임금과 노동조건을 두고 잇따라 분쟁이 일어난다. **오렌지색** 사회는 가장 순수한 형태로 자아 발달에 초점을 맞추는 만큼, 집단은 특히 모든 사람에게 확실히 좋은 교육과 평등한 기회를 제공해서 자아 발달을 지원하고 촉진한다. 부자와 가난한 자 사이의 커다란 격차는 모두에게 평등한 기회가 돌아갔지만 자유로운 개인들이 각자 다른 방식으로 삶을 꾸려 나가서 생긴 당연한 결과로 보고 넘긴다.

리더십의 중요한 특성

과학적 사고는 **오렌지색** 가치관으로 나아가도록 사회를 부추기며, 정치마저 과학적으로 발전한다. 정부의 종교적이거나 영적인 역할과 세속적인 일은 교회와 국가의 분리 원칙에 따라 서로 나뉜다. 짧은 기간 정부 지도자로 지명된 인물이나 대통령이 왕의 통제권을 이어받으면서, 군주와 성직자의 절대 권력은 끝이 난다. 자유주의 성향의 지도자들은 시민 개개인의 해방에 집중해서, 국가 운영을 엘리트가 아닌 국민이 결정하는 민주주의의 길을 준비한다. **오렌지색** 가치관은 끊임없이 영토 전쟁을 벌여서 인류에게 끔찍한 고통을 숱하게 안긴 **파란색** 절대주의와 **빨간색** 전능성 사이의 공모를 말끔히 없앤다. 조직체 안에서 **오렌지색** 경영진은 합리성과 목표 지향성으로 인정을 받지만, 조직원들과 그 활동은 최종 결과에 기여한 정도에 따라 평가를 받는다. **오렌지색** 기업가 정신은 언제나 '틈새시장'을 탐색한다. 신규 투자와 고용은 비용 대비 이윤을 보고 결정한다. 상품은 생산 비용이 가장 적은 곳에서 생산하고, 이익이 가장 많은 곳에서 판매하며, 전 세계로 운송한다. **오렌지색** 조직은 고급 인력에게 동기를 부여하는 최고의 방법은 성과를 보상하는 길이라고 믿고, 스톡옵션이나 주식을 제공하거나 이윤 공유나 장래 보너스를 약속하며 인재를 붙든다. **오렌지색** 기업가는 법을 지키되, 법의 허점을 찾아내어 이득을 보는 일종의 게임을 한다고 여긴다. 그러다 소송에 걸리면 자체적으로 솜씨 좋게 법률을 설명하거나, 필요하면 노련한 변호사를 고용해서 유리하게 해결한다.

현시대의 예

미국은 **오렌지색** 사회의 성공담을 상징적으로 보여주며, 신문팔이 소년이 신문사 거물이 될 수 있을 만큼 아메리칸드림이 현실이 되는 자유로운 기회의 땅으로 우뚝 서 있다. 미국이 획득한 전능한 능력과 번영은 오늘날 **오렌지색**으로 전환되는 과정을 밟고 있는 인도와 중국뿐만 아니라 동유럽 여러 국가에도 선망의 대상이다. 네덜란드 사회의 **오렌지색**

집단은 자유주의 개신교도, 진보 성향의 자유주의자, 여피[22] 그리고 철저하게 자신의 신념을 따르는 예전 신자 개개인에게서 찾아볼 수 있다.

일반 특성

사고방식	
삶을 대하는 태도	'생각한다, 고로 존재한다.' 나의 안녕은 나 개인의 책임이므로, 목적을 달성하기 위해 재능을 계발한다.
기본 욕구, 삶의 주제	물질적 풍요를 획득하고, 개인의 자유와 기회를 활용하고 재능을 계발한다.
맥락, 세계관	마음으로 세계를 이해할 수 있다.
기원	
시기	2500년 전
장소	그리스
창시자	탈레스, 피타고라스, 소크라테스, 플라톤, 아리스토텔레스, 프톨레마이오스
두드러진 모습	
좋은 점	르네상스, 황금기, 계몽사상, 산업혁명, 2차 세계대전 이후 부흥
나쁜 점	탐욕스런 자본주의, 환경 파괴, 물질주의, 냉정한 합리성
개인적 의미	
발달	논리적 사고 능력, 예리한 지각력, 분석력, 개인적 재능
특징	합리적, 물질주의자, 경쟁적, 우월적, 엘리트주의적, 평판에 예민함, 성공과 목표 중심적, 실용주의적, 현실주의적
행동	순수하게 합리적인 접근, 야심적, 승리 지향적, 부를 향한 욕망, 지위와 인정, 자신의 평판을 좋게 만들기

---

22 젊은 도시 전문직(Young Urban Professional)의 머리글자를 따서(YUP) 사람을 뜻하는 접미어 -ie를 붙인 단어로, 1980년대부터 사용하기 시작했다. 대도시나 인근 지역에 거주하며 대학 수준의 학력을 갖추고 고소득 직업에 종사하는 젊은이들로, 가난을 모르고 성장한 세대를 가리킨다.

나선 역학 모델, 모든 것의 이론

사회	
에너지 공급원	증기기관, 화석 연료, 원자력
사회 형태	공화국, 자본가와 노동자라는 사회 계층, 모험적 사업가, 지식인
경제	대량 소비 중심의 산업 생산, 지식과 서비스 경제, IT, 주식시장, 세계시장(세계화)
새로운 화폐 형태	증권, 파생상품, 화폐, 은행 신용카드
종교	인본주의, 자신의 능력을 믿음, 개인주의, 세속주의
문화 주제	자연의 진실한 표상으로 다가오는 현실
예술 주제	르네상스, 사실주의, 인상주의
지도자	대통령, 수상, CEO, 기업가, 감독관
발명품(예)	대위법, 회계, 인쇄술, 원근법, 현미경, 지도 작도법, 주식, 증기기관, 동력 운송 수단, 정보와 소통 기술 등 다수
혁신	과학, 철학, 공학, 민주주의, 인권, 자유무역, 권력 분리('삼권분립'), 해방, 산업, 대량 생산
새로운 부문	민간 부문, 지식 기관
현시대의 예	
공동체	미국, 영국, 호주
유럽 지역 집단	자유주의자, 인본주의자, 여피, 도시 엘리트, 고소득 계층 이웃

오렌지색 조직의 특성

자질과 강점	
신조	'결과가 모든 것을 말해준다.'
태도	'기회는 모조리 잡아야 하고, 이기려면 뛰어나야 한다.'
팀 실천 가치	'경쟁과 성과 보상이 성공 조건이다.'
중시하는 점	효과성, 생산성, 객관적 사실, 지위와 인정
작업에서 강조하는 점	고객 중심, 성취, 최종 결과(손익계산서의 순익)
자질(개인)	전략적 통찰력, 기회 포착력, 논쟁 능력, 기업가 정신

자질(대인 관계에서)	동기부여와 직면하기, 경계를 넘나드는 협업
학습	분석하기와 실험하기(시행 착오), 경쟁적 학습
지도자 원형	관리자/기업가
의사결정의 기반	토론과 최상의 주장
특별한 가치	지적 능력과 성공
압박을 느낄 때의 특성	
행동	오직 합리적 분석에 따른 의사결정, 결과 중시(그밖의 행동 특성은 아래 '왜곡' 참조)
최종 신뢰처	새로운 전략, 지성
두려움	실패, 성공을 거두지 못함, 나쁜 평판
왜곡	
행동의 왜곡	냉담, 사무적
리더십의 왜곡	냉혹한 구조 조정, 구성원 착취
문화의 왜곡	비난하는 문화, 중요한 것은 오직 숫자뿐

 초록 – 감수성과 공동체

모든 발달 단계가 그렇듯, **오렌지색** 역시 이성이 지배하면서 감성 요소가 억제되었다는 어두운 측면이 있다. **오렌지색**은 희망을 주고, 사람들을 일으켜 세우고, 교육하고, 발전시키기를 원하지만, 문제는 그런다고 과연 사람들이 행복할까 하는 점이다. 대량 생산과 만연한 소비주의는 20세기 내내 자연 자원이 고갈되게 만들고 환경오염을 불러왔다. 물질주의가 최고의 지위를 누리고, 경력은 돈을 버는 수단에서 그 자체로 목표가 된다. 지위와 돈을 향한 욕망에 불타서, 사람들은 이제 더는 살기 위해 일하지 않고 일하기 위해 산다. **오렌지색** 계몽주의는 인류에게 합리적 인격체라는 꼭 껴서 답답한 재킷을 입혀놓았다. 돈과 지위 같은 물질적 측면에 초점을 맞춘 삶은 그저 잠깐 헛헛한 만족감을 줄 뿐이어서, 사람들은 더 많은 의미를 선사하는 삶을 찾기 시작한다. **나선역학**에서 **초록색**으로 표시하는 인류 발달의 여섯 번째 단계는 '행복'과 '감수성'이 인간 발달의 목표이며, '사람들은 원래 선한 존재이건만 사회가 망쳐놓는다'는 신조가 깔려 있다. **초록색** 가치관 체계는 모든 사람이 평등한 자연 상태를 회복하는 이상을 꿈꾼다.

녹색 가치관 체계의 기원

초록색 사고방식(마음가짐)의 뿌리는 "인간은 원래 선한 존재이지만 근원적 본성과 연결되는 지점을 상실했고, 그것이 불만의 원인이다"라고 언급한 철학자 장-자크 루소의 관념에 가닿는다. 루소는 계몽주의에 대한 반작용으로 생겨난 철학 운동, 곧 낭만주의(1750~1850)의 창시자다. 그의 이상형은 온종일 자연을 자유로이 즐기며 반드시 합리적일 필요까지는 없는 단순하고 본능적이며 행복한 **베이지색**과 **보라색** 인간이다. 루소에 따르면 "인간은 선한 존재로 타고나서 본래 언어와 관할권이 없어도 삶을 잘 살았지만, 사악한 문화 환경 때문에 자유를 빼앗기고 필요 이상의 고통을 받는 피해자 신세가 되었다". 범죄 당사자는 땅에다 말뚝을 박아놓고 제 땅이라고 주장한 최초의 인간이며, 그 뒤를 이어 부와 권력, 권력의 남용이 도착했고, 여기에서 권력 유착 관계와 전쟁 가능성이 항존하는 민간 사회가 출현했다는 것이다. 사회가 인간을 망쳐놓았다는 루소의 말은 사회가 사람들을 그렇게 조건화했다는 뜻이다. 1970년대에 **초록색**이 주도했던 사회 재개발과 재조건화, 새로운 교육정책은 이런 관념에 뿌리를 둔 시책이었다.

초록색 가치관 체계의 특성

오렌지색 단계에서 인간은 재능을 꽃 피우고 사회에서 성공적으로 역할을 수행하며 정신적 자질과 인격을 쌓았다. 하지만 이제 인간은 조심스럽게 갈고닦은 이미지와는 별개로 자신이 진정 누구인지 스스로 묻기 시작한다. **초록색** 단계에서 인간은 내면으로 방향을 틀어 자신이 진정으로 중요하게 여기는 것이 무엇인지, 환경과는 어떤 관계를 맺고 싶은지 살펴보면서 자신의 내적 존재를 탐구하기 시작한다. **오렌지색**이 이성을 탐구하듯이 그렇게 **초록색**은 내적 감성을 탐구한다. **초록색**은 내적 감성이 외부 세계를 경험하고 해석하는 방식에서 매우 큰 역할을 한다는 사실을 발견한다. 그리고 일상생활의 일들과 지금 여기에서 전개되는 삶을 강조한다. 달리 표현하면, 쌓아 올린 모든 것이 내일 돌연 파괴될 수도 있기 때문에 현재를 산다는 얘기다. 가장 중요한 것은 결과가 아니라 여행하는 동안 마주치는 경험들, 존 레논의 노랫말처럼 "그대가 계획을 짜느라 바쁜 사이 그대에게 일어나는 것이 삶"이다.[23] 이제 더는 목적이 수단을 정당화하지 않는다. 그 목적이 자연환경을 희생해서 미래 세대의 생존을 위협하는 대상이라면 더욱이 정당화될 수 없다. 환경 보존이 우선순위로 올라서고, 사람들은 자연과 조

---

23 존 레논이 앨범 〈Double Fantasy〉에 수록한 1980년 노래 'Beautiful Boy'에 나오는 가사이나 원래는 미국의 언론인이자 작가인 앨렌 손더스Allen Saunders가 처음 했던 말로 알려져 있다.

화롭게 살아온 호주 원주민과 북미 원주민, 코이산족 등의 토착 문화에서 영감을 얻는다. 반대자의 주장이나 다른 문화와 경쟁하는 일에는 이제 더 관심을 보이지 않는다. 정도를 벗어난 모든 관점을 둘러싸고 "누구나 의견과 이상을 밝힐 권리가 있으며, 인간을 독특하고 흥미로운 존재로 만드는 것은 바로 그 특이성이다"라는 신념 아래 진실로 개성에 관심을 품고 귀를 기울인다. 가치 판단은 금기로 삼고, 정치적으로 올바른 진술만이 허용된다. 사람들이 서로 마음을 터놓고 토론하면 거창한 사회문제도 해결할 수 있다고 확신하는 다소 소박한 공상적 사회 개혁주의자는 **초록색** 단계에 해당한다. **초록색** 가치관의 소유자는 불우한 이웃에 관대한 편이며, 특히 정부 지원을 받거나 개인 역량으로 개발도상국에서 다양한 자선 사업을 펼친다. 하지만 순진함과 자기애는 **초록색**의 어두운 측면이다. 불행한 사람들을 단지 피해자로만 바라보고, 그런 비참한 삶에 그들 자신의 책임도 있을 수 있다는 점은 무시한다. 타인을 향한 관심은 자신을 이해하거나, 자신의 삶을 더 깊이 있게 만들거나, 연대감 또는 집합성을 불어넣는 데 필요한 범위 너머로 확장되지 않는다. 그런 상황이 아니라면, **초록색**은 타인에게 쏟는 관심을 재빨리 거두어들인다. **초록색**은 다른 사람 말에 귀를 기울이긴 하지만, 역설적이게도 실제로 가장 큰 관심은 자기 자신에게 있다.

공동체에 끼치는 영향

계몽주의의 차가운 합리성과 원자주의에 대한 반작용으로, **초록색**은 보살핌을 받는다는 느낌을 주는 따뜻한 공동체 감각을 추구한다. 공동체, 바로 그 감각이 상호 연대와 소속감으로 향하는 사람들의 자연스러운 바람을 충족해준다. 사람들을 틀 안에 가두거나 일반 범주로 묶어버리는 지나치게 계층적인 제도와 체계 없이 모든 사람이 스스로를 세계시민으로 느끼는 상태가 **초록색**의 이상이다. **초록색**이 꿈꾸는 전 세계 통합 과정은 아직 초기 단계여서, 완전한 모습을 갖춘 **초록색** 사례는 존재하지 않는다. **초록색** 공동체의 선구적 구조는 유럽연합EU과 국제연합UN 같은 초국가적 차원에서 찾아볼 수 있다. 이런 형식적이고 정치적인 단체를 수립하는 일과 더불어, **초록색**은 정치적 수준의 이런 통합 과정에서 두 가지 중요한 혁신을 이루어냈다. 비정부 조직(NGO)이 부상한 점과, 네덜란드의 저지대 간척지 모델처럼 합의를 전제로 하는 논의와 의사결정 체계를 개발한 일이다. NGO는 국가의 이해관계와는 독립적으로 정세를 감시하는 민간 국제 조직체. 정치적 자유도를 모니터링하는 국제앰네스티Amnesty International, 환경을 모니터링하는 그린피스Greenpeace, 모든 사람의 건강 관리에 힘쓰는 국경없는의사회Doctors Without Border, 어린이 보호에 힘쓰는 전쟁아동단체War Child, 자연보호에 힘쓰는 세계야생기금World Wildlife Fund, 정직한 무역 관행을 감시하는 공정무역Fair Trade 등이 여기에 해당한다. 폴더 모델polder model[24]은 **파란색**과 **오렌지색** 고용자들의 물밑 작업과 **빨간색**과 **파란색** 노동조합 사이의 전통적인 대립을 넘어선 가능성을 보여주는데, 이전에는 파업이라는 수단을 써서 투쟁했지만 이제는 마주앉아 논의하며 해결한다. **초록색**은 사회적 차원에서 수많은 중요한 혁신을 추진하고 있다. 예를 들면, 인도

---

24 1980년대부터 1990년대에 네덜란드에서 사용한 모델로, 합의를 거쳐 경제 및 사회 정책을 수립하는 방법을 가리킨다.

대마초로 만든 마리화나의 합법화, 여성해방, 유산과 안락사의 법제화, 고등 교육과 사업 분야의 민주화, 동성애와 대안적 동거 형태의 수용, 성적 자유의 일반적 수용, 대안 의료와 환경 운동, 공유지 거주 허용 운동, 평화운동처럼 국회 밖에서 벌이는 시민 시위운동 등이 있다. 이보다 작은 규모로, **초록색**은 새로운 형태의 관계를 실험적으로 운영하는 새로운 모습의 공동체를 만들기도 한다. 생활공동체commune 또는 수도원ashram이 하나의 예인데, 이곳에서 사람들은 **파란색** 도덕적 한계를 벗어나 자유로워지려고 시도하거나, **오렌지색** 개인주의를 넘어 관습에 얽매이지 않고 다른 사람들과 친밀하게 살려고 시도한다. 삶의 의미를 탐구하는 이들에게 영감을 불어넣는 종교적 스승처럼 카리스마가 강한 지도자 주변에서 이런 비슷한 공동체들이 종종 출현하기도 한다.

리더십의 중요한 특성

초록색 리더십의 핵심 개념은 평등주의다. 본질상 위계질서에 의문을 제기하며, 그래서 리더십의 필요성도 의문스러워한다. 결국 모든 사람은 평등하기에 자기 삶을 스스로 책임질 수 있으리라 기대한다. 지도자는 기껏해야 평등한 수많은 사람 중 한 사람일 뿐이다. 자기-규제가 가장 많이 사용되는 용어이고, 돌아가면서 지도자 역할을 맡는 방식이 **초록색** 리더십의 전형적인 형태다. **초록색**은 공동의 목표를 인식하는 자율 경영팀에서 일하기를 좋아한다. '인적 자본Human Capital'을 활용하는 것이 성공의 열쇠다. 이를 달성하기 위해서 경영자는 모든 사람에게 최대한 잠재력을 발휘할 수 있는 여건을 마련해주는 사회적 기술을 보유할 필요가 있다. **초록색**은 정치적 의사결정 영역에서 권위를 내세우는 리더십에 반대하며, 소수의 목소리와 예외적 상황을 무시한다는 이유로 다수결 제도도 반기지 않는다. 대신에 모든 이해 당사자가 모여서 의견을 듣고 평등하게 논의하며 협의한 결과로 나온 합의에 따른 의사결정을 선호한다. 모든 사람이 직접 협의할 수 있고 개인적으로 의사결정 과정에 참여할 수 있다는 이유로 정치적 사안에 관한 주민투표제가 인기를 얻고 있다.

현시대의 예

초록색 가치관 체계가 가장 잘 발달한 사회로는 스칸디나비아반도의 북유럽 국가들과 네덜란드를 꼽을 수 있으며, 캐나다, 미국 캘리포니아주, 벨기에 그리고 독일 베를린, 미국 볼더, 인도 푸네 같은 도시들이 그 뒤를 잇는다. 네덜란드 사회에서 **초록색** 가치관이 발달한 양태는 세 가지 운동에서 찾아볼 수 있다. 여기에는 첫 번째로 기득권과 맞선 투쟁에 앞장서는 **빨간색** 행동대원과 무정부주의 성향을 띤 전위파 예술인 집단의 좌파 지식인들이 있다. 이들은 베이비붐 혁명의 얼굴로, 20세기 후반 수십 년 동안 정치 및 사회 개혁에 가장 큰 발자취를 남겼다. 이와 더불어 두 번째로는 생태운동 집단이 등장했는데, 이들은 잘 보존되어 살아 있는 환경과 자연을 간직한 개발도상국 사람들에게 더 많은 관심을 기울이는 새로운 세계 공동체를 열망한다. 마지막으로 성공과 물질적 가치의 획득을 넘어 삶의 더 깊은 의미와 '진정한 자기'를 개인 차원에서 탐구하는 일에 집중하는 영적인 집단들이 있다. 이들은 전통 신자와 마찬가지로 '천상과 지상에는 더 많은 것이 존재한다'고 확신한다. 하지만 **파란색** 교회가 개개인의 탐구 생활에 강압적인 관념과 규율을 들이댄 점 그리고 교회와 성경이 신과의 관계에서 필수라는 교리를 강요한 점은 부정한다.

일반 특성

사고방식	
삶을 대하는 태도	'나는 느낀다, 고로 존재한다.' 모든 사람은 본래 선하고 평등하다. 지구는 우리 공동의 집이다.
기본 욕구, 삶의 주제	개인의 성장을 실현해서 행복해지기, 사람들은 물론 자연과도 조화롭게 어울려 살기, 어머니 지구와 불우한 이웃을 보호하기
맥락, 세계관	모든 사람은 어머니 지구를 집으로 공유하는 단일 공동체.
기원	
시기	350~200년 전
장소	프랑스, 영국, 독일
창시자	렘브란트, 루소, 사르트르
두드러진 모습	
좋은 점	낭만주의, 실존주의, 꽃의 힘(히피), 1960년대 사회 혁신, 뉴에이지
나쁜 점	과도한 정치적 올바름, 자기애, 순진함, 합의를 향한 맹목적 믿음, 당파주의
개인적 의미	
발달	성찰, 내적인 감성 생활, 공감 능력, 과정 안에서 사고하기
특징	이상주의 성향, 감수성, 평등주의자, 평화주의자, 생태 측면의 관심, 자발적, 집단 중심이며 합의 중심, 관용적
행동	감정과 의사소통, 정서적, 정치적으로 올바른 언행, 더 나은 세상을 바람, 모든 사람이 관여하도록 함
사회	
에너지 공급원	태양열과 풍력, 수소 에너지, 청정 가스, 바이오매스
사회 형태	생활 공동체, 영적 운동, 집단 생활

경제	발달 기업, 지속 가능한 경제, 사회적 기여 사업, 기업의 사회적 책임, 목표는 자선
새로운 화폐 형태	조건부 증여:보조 지원금과 기금, 조건 없는 증여: 기부금과 증여금
종교	영성, 사람은 누구나 스스로 탐구해서 자신의 신성한 근원을 발견할 수 있다고 믿는다.
문화 주제	감성적 가치와 잠재의식 표현
예술 주제	낭만주의, 표현주의, 코브라CoBrAa, 뉴에이지
지도자	사회 대변인, 영적 스승(구루)
발명품(예)	'폴더 모델', 정치적 '제3의 길', 정치적 이상주의, 명상, 향정신성 약물
혁신	생태 인식, 동성애 수용, 성적 자유, 평화운동, 심리학, 사회학, 인류학
새로운 부문	시민 사회, 국제연합, 비정부 기구, 정치-사회적 주도권, 시민의 주도권
현시대의 예	
공동체	스칸디나비아 3국, 네덜란드, 캐나다, 미국 캘리포니아, 벨기에
유럽 지역 집단	진보 성향의 좌파, 뉴에이지, 환경 단체

초록색 조직의 특성

자질과 강점	
신조	'풀을 향해 빨리 자라도록 강요할 수 없다.'
태도	'길이 곧 목적지다.'
팀 실천 가치	'모든 사람은 평등하고 동등하다.'
중시하는 점	관계성, 공유, 공동체, 개인의 발달, 고매한 목적
작업에서 강조하는 점	변화 과정, 지원 구축
자질(개인)	과정-민감성, 성찰, 감성적
자질(대인 관계에서)	공감하기, 연결하기, 경청하기, 평등주의자
학습	관찰 학습과 과정 학습 중시, 서로 경험 공유하기
지도자 원형	인력 관리자/촉진자/코치

나선 역학 모델, 모든 것의 이론

의사결정의 기반	합의
특별한 가치	감성과 연결하기
압박을 느낄 때의 특성	
행동	정치적으로 올바른 행동, 모든 사람이 관여한 행동(다른 행동 특성은 아래 '왜곡' 참조)
최종 신뢰처	공동체, 고매한 목적
두려움	사람으로 진지하게 대우받지 못하는 상황
왜곡	
행동의 왜곡	감상적, 모호, 자기애
리더십의 왜곡	모든 차이점을 밋밋하게 지운다.
문화의 왜곡	결론을 내리지 못하고 끊임없이 논의만 한다.

 노랑 – 상승효과와 완전성

초록색이 온갖 고매한 목표를 지향하긴 하지만, **초록색** 역시 결국에는 상위 단계로 발달해야만 해결할 수 있는 어두운 면들이 있다. 예를 들면, **초록색**은 자신이 주장하는 평등 원리와 모순된다. 모든 사람이 평등하다고 주장하지만, 누군가 낮은 기준을 적용해서 **초록색**을 잘못 이해하면 **초록색**은 그가 올바로 이해하지 못했다고 지적할 테고, 그래도 여전히 제대로 이해하지 못하면 그를 바보로 취급할 가능성이 있다. **초록색**도 이전 가치관 체계와 마찬가지로 자신의 안경을 쓰고 세상을 바라보기 때문에, 비판을 하지 않고 다른 가치관 체계와 수월하게 연결되기는 어렵다. **파란색**은 옹졸하고 편협한 마음을 지녔고, **오렌지색**은 온통 마음이 돈과 경쟁심으로 꽉 차 있으며, **빨간색**은 권력을 향한 갈망으로 불타서 도무지 통제할 수 없다고 본다. **초록색**이 공감할 수 있는 가치관은 **보라색**뿐이다. 하지만 주변 세계를 두려워하는 **보라색**의 특성은 경시하고, 형제애, 자연 숭배, 사하라 남부 지역의 우분투_{Ubuntu}[25] 철학 같은 **보라색**의 특성이 마치 **초록색**의 이상향 목표를 확증해주는 듯이 보고 공감한다. 이렇게 다른 가치관 체계와 불편한 관계는 **초록색**의 문제 해결 능력을 떨어뜨린다. **초록색**의 아동심리학을 길잡이로 삼아 아이를 양육하더라도 범죄자들이 계속 범죄를 저지른다면 어떻게 할 텐가? 가장 열정적인 **초록색** 기반의 발달 프로그램도 전혀 영향력을 발휘하지 못한다면? 독재자가 외교적 접근을 무시하고 막무가내로 이웃 나라를 합병해버리거나 대량 학살을 저지른다면 어떻게 할 것인가? 그런 상황이 닥치면, **초록색**은 자신과 동일한 가치관 체계를 지닌 내부의 이상적인 동지와 함께 편안한 지대로 물러난다. 그렇게 물러나기에 현실의 완고함을 이해하지 못한다. **노란색**은 **초록색**의 장악력에서 벗어나 **초록색**과는 다른 방향을 선택한다. 그렇게 해서 **초록색**이 외면한 여러 현실을 모두 받아들인다. **노란색**은 모든 색깔을 다 아우를 수 있는 체계적인 관점을 지녔다. 그런 만큼 이전에 존재한 모든 단계와 관계를 맺을 수 있는 최초의 가치관 체계다. 그래서 **가치관 체계**의 카멜레온이라고 할 수 있다. **노란색**은 다른 모든 색깔을 받아들일 수 있으며, 다른 색깔들이 지닌 효과적인 측면과 제휴할 수 있다.

---

25 사람들간의 관계와 헌신에 중점을 둔 윤리 사상으로 남아프리카의 반투어에서 유래된 말이다. 아프리카의 전통적 사상이며 평화운동의 사상적 뿌리이다.

노란색 가치관 체계의 기원

19세기 말에 진행된 산업화의 영향으로, 엄청난 수의 농촌 지역 사람이 공장에서 일하기 위해 도시로 이주해왔다. 대량 생산 체계 덕분에, 소비자들은 많은 새로운 발명품(기차, 자동차, 비행기, 전기, 전구, 전화기, 영화, 사진 등)을 이용할 수 있게 되었다. 과학은 전문화된 세부 영역(물리학, 화학, 생물학, 공학, 사회과학)을 발전시키고 번창시켰다. 사회는 엄청나게 번성했고 복잡해졌다. 이런 혁명적인 발전과 전체를 두루 살펴보려는 욕구가 일면서, 시스템 접근법이 출현했다. 이런 접근법으로 이해하려고 하다 보니 그 범위가 **오렌지색** 틀로 다룰 수 있는 영역보다 훨씬 광범위하다는 사실을 깨닫게 되었다. 앙리 푸앵카레Henry Poincare[26]의 혼돈이론chaos theory[27]이 등장하면서, 과학적 예측성이라는 **오렌지색** 신조는 서서히 쇠퇴했다. 푸앵카레는 조직체를 복잡하고, 역동적이며, 비선형적이고 불균형한 시스템으로 생각했다. 혼돈 상태에 있을 때 조직체는 예측 불가능한 (혼돈) 방식과 (패턴을 따르는) 예측 가능한 방식의 행동을 동시에 보여준다. 동시성synchronicity[28]이란 개념을 소개하면서, 카를 융은

---

26 프랑스의 수학자이자 과학철학자이며 물리학자. 수학의 거의 모든 분야에서 업적을 남겼으며 '혼동이론'에도 기여했다.

27 동역학계 이론에서 특정 동역학계의 시간 변화가 초기 조건에 지속적으로 민감하며, 시간변화에 따라 궤도가 매우 복잡한 형태를 보이는 현상을 가리킨다. 무질서하게 보이는 혼돈 상태에도 논리적 법칙이 존재한다는 이론으로 혼돈계를 연구하는 수학의 한 분야다.

28 '의미 있는 우연의 일치'라는 뜻으로, 카를 융이 제창한 개념이다. 인과과계가 없는 복수의 사건이 발생하는 원인을 결정하는 원리로, 기존에 알려진 '인과성'과는 다른 개념이다. 융은 어떤 우연의 일치는 단지 우연이 아니고, 인과관계가 없는 복수의

우리가 동시에 발생한 사건을 설명하지 못하는 이유는 원인을 알지 못할 뿐만 아니라, 우리의 (오렌지색) 정신 능력으로는 그 원인을 생각조차 할 수 없기 때문이라고 주장했다. 과학 분야가 전문화되면서 불거지는 문제를 해결하기 위해, 루트비히 폰 베르탈란피Ludwig von Bertalanffy[29]는 '유기적 시스템 이론'을 개발했다. 그는 폐쇄형 시스템 접근법('실험실적 접근')과는 달리, 인간은 시스템에서 떼어낼 수 없을 정도로 시스템의 밀접한 일부이며 환경(개방형 시스템 접근법)과 끊임없이 상호작용한다고 생각한다. 과학 철학자 토마스 쿤Thomas Kuhn[30]은 과학은 점증하는 방식이 아니라 패러다임이 바뀌면서 도약하는 방식으로 발전한다고 제안했다. 심리학자 클레어 그레이브스는 자신의 '창발적, 순환적 존재 수준 이론Emergent Cyclic Levels of Existence Theory'에서 이 모든 통찰을 짜 맞춰보려고 시도했는데, 이 이론이 바로 **나선 역학** 원리의 기반이 되었다. 여기에 기여한 가장 최근 공로를 꼽자면 서양의 철학과 심리학을 동양의 신비주의와 결합해서 통합이론Integral Theory[31], 곧 모든 것의 이론The Theory

---

사건이 동시에 발생했거나 보편적인 사건을 만들어내는 힘의 연속성이 만들어낸 현상이라고 믿었다.

29 오스트리아의 생물학자이자 시스템이론가. 일반 시스템 이론(GST) 창시자 중 한 사람으로 알려졌으며, 그의 연구는 생물학을 넘어 교육학, 역사학, 철학, 심리학, 정신의학에 이르기까지 널리 확산되었다.

30 미국의 과학사학자이자 철학자로, 과학 진보의 혁명적인 성격에 초점을 맞춘 새로운 과학관을 제시했다. 1962년에 출간한 저서 《과학혁명의 구조》에서 '패러다임'이라는 용어를 처음 사용하며, 과학은 차츰차츰 누적되는 과정이 아니라 패러다임이 교체되면서 혁명적으로 발전하기 때문에, '과학혁명'으로 부를 만하다고 주장했다.

31 인류가 쌓은 동서고금의 모든 지식과 함께 고대 지혜 중 최선의 것들과 현대 지식 중 최선의 것들을 하나의 큰 틀로 통합한 윌버의 이론으로, '온 사분면, 온 수준AQAL

of Everything으로 통합한 켄 윌버Ken Wilber[32]의 업적이 있다.

노란색 가치관 체계의 특성

그레이브스는 (베이지색부터 **초록색**에 이르는) 처음 여섯 가지 가치관 체계를 자아(인격)가 충분히 성장하는 데 필요한 발달 단계라고 본다. 가치관 체계의 첫 번째 대역(1층)은 완성되었다. 두 번째 대역(2층)으로 넘어가는 과정에서, 인간은 자신의 인격을 초월한다. 말하자면 인간은 자신을 인격과 동일시하길 중단하고, 인격을 세상에 자신을 드러내는 하나의 수단으로 본다는 뜻이다. **노란색**은 인격을 마치 교통수단인 자동차처럼 여긴다. 그 차를 닦고 치장하면 정말로 중요한 일, 곧 자신만이 세상에 할 수 있는 독특한 기여를 방해할 수 있다. 인격체는 그 자체로 목적이 아닌 수단이다! **노란색**은 자아의 욕망을 채우는 일에는 흥미를 잃는다. 그렇게 해서 종종 이런 욕망의 충동을 일으키는 두려움에서 벗어난다. 이 말은 **노란색**이 두려움을 알지 못한다는 의미가 아니라, 이 두려움이 자동차 계기판에 켜진 비상 신호와 마찬가지라는 점을 안다는 뜻이다. 계기판 신호에는 마땅히 주의를 기울여야 하지만, 그런

(All Quadrants, All Levels)' 모델이라고도 한다.

32 우리 시대 가장 포괄적인 철학사상가 중 한 사람으로 꼽히는 미국 출신의 저술가이자 철학자. 세계의 위대한 철학, 심리학, 사회학, 과학, 영적 전통을 총망라하며 인간 의식의 발달과 진화에 관한 특유의 통합이론을 제시해 의식 분야의 아인슈타인으로 불리며, 그의 이론은 '의식의 통합장unified field 이론'이라고도 한다. 주요 저술로는 《의식의 스펙트럼The Spectrum of Consciousness》, 《무경계No Bpundary》, 《통합심리학Integral Psychology》, 《성, 생태, 영성Sex, Ecology, Spirituality》 등이 있다.

신호가 여행의 목적지를 결정하지는 않는다는 얘기다. **오렌지색**이 자신의 재능 계발에 관심을 집중하고, **초록색**이 자신의 개인 역사에 관심을 보이는 것처럼, **노란색**은 여러 다른 가치관 체계를 통과해가는 발달 여정에 초점을 맞춘다. **노란색**은 다른 가치관 체계를 이해하고 새롭게 내면화해서 평화롭게 만든다. 모든 가치관 체계 하나하나가 자신의 인격체를 만드는 데 필수 자재임을 알기 때문이다. 그 필수 자재 하나하나가 있어, 자아 인격체는 다양한 생활조건에서 맞닥뜨린 도전 과제들에 적절히 반응할 수 있었다. 유아기, 아동기, 청소년기, 성인기에 이르기까지, **노란색**은 이전 가치관 체계에서 획득한 능력 덕분에 이제 점점 더 복잡해지는 문제들을 다룰 수 있게 되었다는 점을 이해한다. 자아를 초월하면 새로운 유능성이라는 광대한 지평이 열린다.

- **발달 수준의 차이를 구별한다**: 사람들은 각자 처한 생활조건이 복잡한 정도에 따라 내면에 다른 가치관 체계를 발달시켰기 때문에, 저마다 발달 수준이 다르다.
- **편견 없이 공정하다**: 자신의 이미지가 세상에 편견 없이 접근하는 데 방해가 되지 않는다. 발달 수준에서는 평등하지 않을지라도 사람들은 모두 여전히 평등하다.
- **다중적 세계관으로 현실을 바라본다**: 세계를 바라보는 자신의 관점을 합리적으로 설명할 수 있기에, 다른 가치관 체계의 시각으로 사건을 생각할 수 있다.
- **가치관 체계 사이를 넘나든다**: 사람들은 복잡성을 다룰 수 있는 정도가 저마다 다르기 때문에, 이런 사실에 맞춰 소통해야

나선 역학 모델, 모든 것의 이론

한다. **노란색**은 '다채로운' 소통 기술을 이해한다.

- **다양성을 통합적으로 보고 다룬다**: 사회를 모든 가치관 체계 사이에 주고받은 상호작용의 산물로 이해한다. **노란색**은 이 역동적 실체인 사회를 연구하고, 다른 체계들을 서로 잘 어울리게 짜 맞추는 시도를 도전으로 받아들인다.
- **탄력적이고 민첩하다**: 비판이나 실망감을 개인적 일로 받아들이지 않고, 작업을 완수하는 데 도움이 되는 흥미로운 정보로 여긴다. **노란색**은 어떤 작업이 효과적이지 못한 일로 드러나면 손쉽게 방향을 바꾸고 다른 일을 시도한다.
- **이해관계를 떠나 협동한다**: 자신의 욕구를 합리적으로 설명해서 이해관계를 떠나 작업할 수 있으며, 다른 생각을 지닌 사람들을 함께 일하도록 하나로 모은다.

공동체에 끼치는 영향력

노란색은 모든 가치관 체계로 세상을 들여다보고는, 거기서 충격을 받는다. 가치관 체계 사이에서 일어난 숱한 변형과 오해가 세상에 수많은 갈등을 불러일으켰기 때문이다. **빨간색** 가치관으로 전환되는 과정에 있는 호주 원주민, 이누이트, 북미 원주민 같은 **보라색** 사람들은 가정 폭력, 알코올 중독, 아동 성폭력 같은 왜곡된 **빨간색**으로 혼란을 겪고 있다. 개신교와 가톨릭교, 수니파와 시아파처럼 같은 종교 내부에서도 **파란색** 종파주의 때문에 종교전쟁이 벌어진다. **오렌지색** 세계주의는 대규모 자본가(은행과 다국적 기업)에게만 특혜를 주어 **파란색** 중산층을 무너뜨린다. 자유를 지향하는 **초록색**의 허용 문화는 **빨간색**의 왜곡된 형태 중 하나인 범죄의 고삐를 풀어주어 **파란색** 규칙을 뒤흔든다. 동시에, **노란색**은 기후변화, 세계평화에 다가온 위협, 실패한 국가에서 피난 온 난민 등의 사례에서 볼 수 있듯이, 가치관 체계끼리 함께 협동하면 자신들의 힘만으로도 사안을 해결할 수 있다는 새로운 도전을 인식한다. **노란색** 가치관은 인류가 이제 더는 사회와 지구의 관심사를 거슬러서 행동하면 안 된다는 사실을 다른 어떤 가치관보다도 잘 알고 있다. 또한 사람들에게 발달을 강요할 수 없다는 점, 그들을 있는 그대로 받아들여야 한다는 점도 안다. **노란색**에 따르면 해결책은 사람들을 변화시키기보다는 있는 그대로 받아들이고 서로 다른 가치관끼리 잘 어울리도록 하는 데 있다('제휴'). **노란색**은 **베이지색** 노숙자들의 외로움을 해소하기 위해 **보라색**이나 **빨간색**을 함께 섞는 구세군식 해결책이나, 아동의 **빨간색** 따돌림을 방지하기 위해 학부모의 규율 협의체를 만드는 대책 같은 왜곡을 피하기 위해 다른 가치관 체계를 활용한다. 또는 교육으로 **파란색** 농어촌 거주 청소년들의 세계관을 확장해주기 위한 **오렌지색** 발달 기회를 제공하거나, **오렌지색** 기업가들이 세금 도피처로 달아나지 않고 세금을 잘 납부하도록 **초록색** 윤리 인식을 강화하기도 한다.

노란색은 민간 단체, 행정부, 정치가, 지식 기관, 영리 및 비영리 조직 같은 다른 부문들이 네트워크를 형성해서 서로 협동하도록 조성해 주요 사회문제를 해결한다. 시민들이 뭉쳐서 에너지 협동조합을 만들고 태양광 패널과 풍력 발전기를 설치, 운영하면 지역별로 지속 가능한 에너지를 공급받을 수 있다. 물론 태양광이나 바람이 지나치게 많이 작용하면 전기 생산량이 급증하기 마련인데, 이렇게 급증한 에너지는 네트워크 관리자와 물 관리 당국이 잉여 에너지를 사용해서 생산량이 줄어드는 시기에 전기 생산에 사용되는 특수 제방 간 물 퍼내기 프로젝트를 운영하면 조절할 수 있다. 지식 기관에서는 필요한 기술과 과학적 기법을 제공하고 정부는 규제(전기 생산 상한선)를 적용하여 공동 자금을 조달하는 식으로 프로젝트를 활성화한다. **노란색** 공동체는 모든 부문이 함께하는 협동 네트워크다. 이런 상승효과를 '새로운 금New Gold'이라고도 하는데, 이 금은 채굴하기 쉽지 않지만, 이전에는 생각지도 못했던 아이디어를 사회에 제공할 수 있다.

리더십의 중요한 특성

노란색 리더십의 주된 강점은 다른 가치관 체계 사이를 넘나들 수 있고, 그렇게 가치관 체계 각각의 특유한 힘에 접근할 수 있는 능력에 있다. **노란색** 지도자는 통합적인 개괄 능력, 발달 역동성을 꿰뚫는 통찰력, 협동할 수 있는 길을 찾아내는 직관력 덕분에 특별한 효과를 끌어낸다. 사실상 아직은 **노란색** 리더십을 찾아보기 힘들다. 지금까지 경험으로 볼 때, 특히 **빨간색** 환경에서 **노란색** 리더십이 나타나기는 거의 불가능해 보인다. **노란색** 지도자는 미묘한 차이점을 자연스럽게 찾아내는데, 기회주의가 게임의 규칙인 **빨간색** 지배자의 폭거가 (아직은) **노란색** 지도자들을 침묵하게 만들기 때문이다. **노란색** 지도자는 기회가 오면 다음과 같이 거의 마법적으로 보이는 현상들을 효과적으로 활용할 수 있다.

- **동시성**: 어떤 인과적 연결점도 없는데, 서로 연결된 (중요한) 사건이 일어난다.
- **상승작용**: 가치관 체계들이 서로 잘 제휴할 때, 마치 불협화음이 갑자기 조화로운 음으로 바뀌는 듯한 효과가 발생한다.
- **뜻밖의 발견**: 무언가를 탐구하던 중에 뜻밖에도 전혀 다른 유용한 것을 발견한다. 이를 가리켜 '마법적으로 살기'라고도 한다.

이런 힘을 발휘하려면 **노란색**은 인지 수준(신피질)보다 더 심오한 **노란색** 의식에 가닿아야 하는데, 이는 정서적 마음(변연계)에 깊이 뿌리내린 생명의 진화적 효과를 믿을 때 가능하다. 이런 진화에는 '혼의 어두운 밤'[33]에서 알려진 것처럼, 개인적 두려움과 '조각난 꿈들' 그리고 수년에 걸쳐 직면해야 하는 어려움이 따른다. **노란색** 지도자는 (오렌지색) 이성과 (초록색) 감성 모두를 내면화했기 때문에, 소란스러운 발달 과정을 누구보다 잘 견뎌낼 수 있다. 그래서 때로는 그들을 '폭풍의 눈'이라고 부른다. 이들은 주변에 태풍급 바람이 휘몰아치는 혼란 속에서도 침착한 내면 상태를 유지하며 직관적으로 일을 추진해나간다.

현시대의 예

노란색 가치관 체계가 집단적으로 발달한 사회의 예는 아직 존재하지 않는다. 그러나 **노란색**이 출현할 만한 상황은 이미 현존한다. 특히 기후변화가 몰고 오는 위협은 '순환 경제' 같은 철학에서도 밝혀졌듯이,

---

33 신앙의 위기나 인생의 어렵고 고통스러운 시기를 묘사하는 데 사용되는 표현.

현재 사회에서 **노란색** 해결책을 받아들이도록 압력을 행사하고 있다. **노란색** 가치관을 요청하는 목소리는 아마도 처음 여섯 단계(**베이지색**에서 **초록색**까지)가 집단적 수준으로 발달한 사회에서 가장 먼저 나올 것으로 예상된다. 여기에 비옥한 토양을 제공해주는 나라가 네덜란드다. 특별히 지배적인 **보라색**(사하라 사막 남쪽 지역의 아프리카 피난민) 문화, **빨간색**(모로코의 베르베르족과 튀르키예 동부의 쿠르드족) 문화, **파란색**(무슬림) 문화에서 비교적 대규모로 이민자들이 건너왔기 때문이다. 각기 다른 **가치관 체계**가 공존하는 상태에서 이들이 서로 협동하게끔 하려면 다중적인 색깔의 이상을 보유한 **노란색** 가치관은 필수다.

일반 특성

사고방식	
삶을 대하는 태도	나의 내적 발달 수준에 맞춰 세상에 기여하고 싶다. 모든 사람은 평등하지만, 똑같지는 않다.
기본 욕구, 삶의 주제	지속 가능한 사회를 건설하려면 모든 사람이 자신의 발전에 기여할 수 있어야 하고, 자신과 다른 사람의 발달 수준을 존중할 수 있어야 한다.

---

34 브루아 망델브로Benoia Mendelbrot(1924~2010)는 폴란드 출신으로 프랑스와 미국에서 활동한 수학자이며, 프랙털 기하학 분야를 창시한 주요 인물 중 한 사람으로 평가된다. '자기 닮음 구조' 도형을 나타내는 말로 프랙털이라는 용어를 만들어냈고, 〈프랙털-형태, 우연성의 차원〉이라는 논문을 발표했다.

35 어원은 '조각나다'를 뜻하는 라틴어 'fractus'이며, 작은 조각들이 전체와 닮은 기하학적 형태인 구조를 가리킨다. 자연계에서는 구름, 산, 번개, 난류, 해안선, 나뭇가지 등에서 프랙털 구조를 볼 수 있으며, 재귀적이거나 반복적인 컴퓨터그래픽스 작업으로 프랙털 도형을 만들어낼 수 있다.

맥락, 세계관	인류가 낳은 모든 사람과 모든 것은 서로 영향을 주고받는 역동적이고 진화하며 통합된 시스템을 형성한다.

기원

시기	100년 전
장소	서유럽, 미국
창시자	베르탈란피(유기적 시스템 이론), 푸앵카레(혼돈이론), 망델브로[13](프랙털fractals [14]), 융(동시성), 그레이브스(나선 역학), 윌버(통합심리학)

두드러진 모습

좋은 점	아직 드러나지 않음, 21세기 중반 이후로 기대된다.
나쁜 점	아직 알려지지 않음

개인적 의미

발달	'영혼의 어두운 밤', 인격을 초월해서 사회에 봉사하는 인격체로 만든다, '내 원대로 마옵시고, 당신의 원대로 하옵소서.'
특징	통합적 사고, 발달 중심, 가치관의 다양성 존중, 복잡한 문제에 대한 통찰력을 내용과 과정 모두에서 제시함, 두려움을 넘어서는 행동.
행동	사회와 자신에게 충실한 존재, 비정통적, 독자적, 매우 기능적인 마음 자세와 기여 중심, 무능함을 참지 못함

사회

에너지 공급원	지열 발전, 핵융합
사회 형태	사회 지원을 공동 과제로 삼아 모인 가치 중심 전문가들이 서로 보강하는 네트워크
경제	나눔(시장)과 순환 경제(요람에서 요람까지), 공공 기관, 개인, 시민단체가 사회문제에 협업하는 지속 가능한 사회, 다면적 사업 상황
새로운 화폐 형태	알려진 모든 종류의 화폐를 결합해서 사용
종교	인격체는 인간 집합의식의 도구다. 현실 이면의 실재는 영혼을 통해 드러난다.
문화 주제	영감의 원천이 되는 자연
예술 주제	컴퓨터아트(프랙털), 황금률의 재발견
지도자	진정한 자신, 개별화 과정을 통과해간 인격체인 지도자

나선 역학 모델, 모든 것의 이론

발명품(예)	인터넷, 유기적 시스템 이론, 네트워크 이론, 혼돈이론
혁신	양자역학, 정보 네트워크, 계보학, 유전공학, 사회 활동의 진화
새로운 부문	분야 간 협업 체계(삼중 나선)
현시대의 예	
공동체	지금까지는 없음
유럽 지역 집단	실험적 네트워크

노란색 조직의 특성

자질과 강점	
신조	'공로에 관심을 두지 않는다면 성취할 수 있는 일은 무한하다.'
태도	'상황이 요구하는 역할이라면 일을 완수하기 위해 수행한다.'
팀 실천 가치	'대체로 자율적인 전문가들의 협동 작업'
중시하는 점	발달 패턴, 생활조건, 드러난 가치관 체계, 상승효과
작업에서 강조하는 점	발전을 전파하는 조건 창조, 적절한 시기
자질(개인)	두루 개괄할 수 있는 능력, 문제 해결력, 체계적이고 역동하는 전체를 형성하기 위한 부분들을 연결하는 힘
자질(대인 관계에서)	모든 사람의 가치관 체계와 제휴하기, 최적의 시기 파악하기
학습	변화 연구 기반의 학습, 다중 과제 수행하기
지도자 원형	예지력, 태풍의 눈
의사결정의 기반	사회적 부가가치
특별한 가치	생활 지능
압박을 느낄 때의 특성	
행동	무능력을 견디지 못함, 독립적이고 비정통적(다른 행동 특성은 아래 '왜곡' 참조)
최종 신뢰처	삶에는 그 자체의 리듬이 있다는 깨달음
두려움	다른 사람이 자신을 이해하지 못하는 상황

왜곡	
행동의 왜곡	이해할 수 없는 특이한 행동, 일을 불필요하게 복잡하게 만든다.
리더십의 왜곡	일이 의미 없어 보이면 즉시 자리를 떠난다.
문화의 왜곡	논리적 맥락이 없다.

 청록 - 전체적인 세계관

가치관 체계는 정신 능력과 생활조건이 주고받는 상호작용이다. 그래서 앞서 살펴보았듯 역사상 현시점에서 우리 사회 어디에도 진정으로 **노란색**이라고 할 만한 곳은 아직 없지만, **노란색** 가치관이 지구 곳곳에서 이미 출현하고 있다.

노란색 다음 **가치관 체계**인 **청록색** 가치관은 우리 사회에서 아직은 전혀 찾아볼 수 없으며, **청록색**이 실제로 어떤 모습일지를 두고도 매우 제한된 아이디어밖에는 없다. **오렌지색**이 여전히 발달하던 200년 전에 **초록색**이 자신을 어떻게 내보여야 할지 설명하는 광경을 상상해보기 바란다. 사람들은 관용의 정치라든가 암스테르담이나 그 밖의 도시에서 목격되는 히피들 풍경, 사회복지 시스템 같은 구상을 떠올리지는 않았을 것이다. 이런 한계가 있는데도, **청록색**은 사람들과 생활조건에서 자신을 어떻게 드러내 보일지 표현해보려고 시도할 것이다.

그레이브스의 설명

그레이브스는 **노란색** 가치관 체계까지 규정한 다음, 연구 후반부에서 처음에는 **노란색** 정신 틀로 과제를 수행하던 여섯 명이 어느 시점부턴가 다른 가치관 체계로 생각하고 행동한다는 사실을 발견했다. 그는 이를 여덟 번째 체계라고 생각했고, 지금 우리는 이 가치관 체계를 **청록색**이라고 부른다.

연구에 참여한 사람들은 기묘하고 역설적인 방식으로 자신의 내면세계를 검토했다. 그들은 자신의 내면세계를 결코 온전히 이해할 수 없다는 사실을 충분히 인식하면서도 그 세계를 마치 새로운 장난감처럼 대하기 시작했다고 말한다. 그리고 '너 자신을 알라'라는 말을 터무니없이 황당한 관념으로 바라보았다. 110억 개 세포가 수만 가지 방식으로 연결된 순열 조합을 인간이 어떻게 이해할 수 있단 말인가?

그레이브스는 이 단계를 실존적 분기점이라고 설명한다. 이 집단은 생명의 중요성을 다른 누구보다 잘 안다. 하지만 동시에 독립된 존재는 전혀 중요하지 않다고 본다.

그레이브스는 더 나아가 **청록색**을 가리켜 실존적 가치관을 지닌 직관적 존재라고 설명한다. 또한 그는 **청록색**이 우리가 아직 어렴풋하게도 알지 못하는 광대한 의식 영역에 얼마나 많은 관심을 보이는지도 안다. **청록색**은 경이로움과 놀라움, 겸손과 통합, 전체론, 단순성, 현실을 바라보는 시적 지각, 의식 확장, 통제할 욕심을 드러내지 않고 경험하기 등에 가치를 둔다. **청록색** 단계에서 사람들은 자신의 생각과 구상과 현시대 과학기술의 유산이 얽히고설키는 관계에서 도피하고 싶어 한다. 이 단계에서 사람들은 유동적인 순수한 아름다움과 서로 연결된 풍요로운 거대한 세계 그리고 이제 스스로 인식한 현실 그대로에 감사한다.

그레이브스는 **청록색**을 '무한한 수준의 인간 윤리'라고 부른다. **청록색**에서 사람들은 인간의 타고난 선함과 서로 다른 가치관을 수용하는 자세가 바람직하다고 생각하며, 그런 가치관들을 이해한다. 예를 들면 **빨간색** 체계의 자율성과 자기 주도성 또는 **오렌지색** 체계의 지식 가치를 이해한다.

청록색 단계에서 사람들은 우리가 결코 이해할 수 없을 만큼 정말 많은 것이 존재한다는 사실을 인식한다. 그들은 인류가 지금까지 문제를 해결하려고 추구해온 여러 방법이 적절하지 않다는 점과 이제 우리는 직관 차원이 추가된 새로운 수준에서 사실상 모든 지식을 다시 발견해야 한다는 점을 깨닫는다.

노란색은 세계의 생존을 확실하게 보증했다. 그 세계를 통일하고 안정성을 다시 도입하기 위해 모든 부분을 복원하는 일은 이제 **청록색** 몫이다. 인류는 사람과 자연의 관계를 새로운 방식으로 다시 규정해야 한다. 그래야만 자연의 균형이 또다시 훼손되지 않을 터이기 때문이다. **노란색**이 생존 문제를 해결한 덕분에, **청록색**은 더욱 심오한 삶의 여러 측면을 발견하고 경험할 여유를 누린다.

노란색과 마찬가지로 **청록색**도 다른 사람들에게 존중과 칭찬을 받는 일에는 별 관심이 없으며, 다른 이들에게 감동을 주려고 하거나 스스로 우쭐대지도 않는다. **청록색** 사람도 자신에게 그렇게 할 의무가 있다고 느끼면 여전히 리더십을 받아들이지만, 리더십에 따라붙는 권력이나

나선 역학 모델, 모든 것의 이론

명성에는 별다른 가치를 두지 않는다. **청록색**은 기존 시스템이나 권위에 호응하려고 하지 않을 텐데, 반항적이어서가 아니라 단지 그럴 필요성을 느끼지 못하기 때문이다.

현시대의 해석

그레이브스는 **청록색**을 설명한 자신의 이론이 그저 추정에 지나지 않는다는 조건을 달았을 만큼, 이 체계가 처음 드러낸 겉모습만을 겨우 묘사할 수 있을 뿐이라는 사실을 잘 알았다. 그 뒤로 수십 년이 지난 지금, 우리는 **청록색**에 관해 이전보다는 조금 더 안다. 물론 일단 **청록색**이 우리 사회에 모습을 드러내야만 비로소 진정코 알 수 있긴 하겠지만 말이다.

여기에서 설명한 내용은 그레이브스 이후에 등장한 수많은 사람의 연구를 토대로 삼아, 생활조건에 보이는 반응이라는 측면과 관련지어 **청록색**을 표현했다는 점을 특별히 강조하고 싶다. **청록색**과 그 너머에 있는 가치관 체계에서 자주 등장하는 영적 경험은 매우 흥미롭고 중요한 측면 중 하나이긴 하지만, 이 주제는 논외로 남겨둔다.

전체론

노란색 단계에서 존재하는 모든 것이 어떻게 서로 연결되는지 들여다보기 시작하며, 생명을 복잡한 유기 시스템으로 인식한다. **노란색**이 마주한 문제를 훨씬 효과적으로 처리하는 해결책을 찾아내는 것은 이런 통합 감각 때문이다.

청록색 단계에서는 사람들이 모든 것은 서로 연결된다는 사실을 파악할 뿐만 아니라, 그런 인식이 개인의 경험으로 바뀐다. 자신의 사고, 감정, 감각도 단지 주관적인 것에 지나지 않으며, 현실을 해석하는 하나의 방식일 뿐이라는 점도 인식한다. **청록색** 사람들은 이런 개인 경험 이면에 있는 심오한 수준에서 모든 것은 하나라는 사실을 경험한다.

하나임(oneness)을 깨닫는 경험은 아주 오래 전부터 모든 **가치관 체계**에서 제각기 묘사해왔다. 그러나 **청록색**에서 경험하는 하나임은 스쳐 지나가는 인식이 아니라 지속되는 심층 지식이다. 그 지식이 개인의 사고와 행동을 이끌기 때문에 사회 안에서도 동일한 모습을 보인다.

초록색과 청록색의 차이점

청록색이 세상을 인식하는 방식과 통합 감각을 묘사하는 그레이브스의 설명은 **초록색** 단계에 있는 사람들에게는 매력적으로 보인다. **초록색**은 또다시 내적 경험에 시선을 기울이게 됐기 때문에, 명상과 영성에도 많은 관심을 보인다.

그러나 **초록색**은 생각하고 행동하는 방식의 중점이 개인적 조화를 찾아내는 데 있다는 점, 그래서 개인적 조화를 추구하는 자세가 경험과 인식을 이끌어간다는 점을 깨달아야 한다. 자신의 내면세계에 사로잡힌 존재는 흔히 그 자체가 목표이고, 조화 감각을 만들어내긴 하지만, 특히 바로잡기 힘든 완고한 현실과 세상에 존재하는 모든 고통을 마주치면 스스로를 닫아걸기도 한다. **초록색**은 통합이라는 행복한 경험을 추구하기 때문에, 그 과정에서 조화 감각을 훼손하는 사람이나 경험을 만나면 외면하기 쉽다.

실제로 **초록색**은 하나임의 경험을 하나임의 상태로 직접 얻지 않고, 자신과 똑같은 마음을 지닌 집단 내면인들과 조화를 이뤄가며 쌓으려고 한다. 반면, **청록색**에서는 이런 경험이 완전히 내면화되어 더는 행복감이나 '좋은 감정'에 초점을 맞추지 않게 된다. **청록색**에게 감정은 떠다니는 구름과도 같다.

청록색도 자신의 경험을 인식하지만, 그 경험이 훨씬 광대한 전체의 아주 작은 부분일 뿐이라는 사실도 예리하게 파악한다. 이런 인식은 인지해서 파악한 모든 이해를 넘어선 심오한 지식이기에, 그것을 경험하려고 더는 명상이나 은둔 생활을 할 필요가 없다. **청록색**은 이 세상 존재의 고통스러운 현실과 마주하고서도 이런 통합 감각을 유지하며, 세상에 존재하는 모든 소란과 폭력과 고통이 어떻게 하나인 실재의 일부인지도 깨닫는다.

자신의 개인적 조화 감각과 경험은 부차적인 문제이기에, **청록색**이 하는 모든 활동은 세계의 관심사와 전체인 우주의 관심사에 맞춰 설계될 것이다. 이 말은 **청록색**이라면 개인적으로 유쾌하지 않은 일도 맡을 거라는 의미이기도 하지만, 더 큰 전체의 관심사에 봉사하면서도 그런 행동을 자기희생으로 여기지 않는다는 뜻이기도 하다. 곧, 사람이라면 당연히 해야 할 일을 할 뿐이라고 생각한다는 말이다.

우주 속으로

인간이 지구 밖 우주로 나가 달에 착륙한 순간은 **청록색** 가치관을 강력하게 지지해준 중요한 전환점이었다. 우리는 무한한 우주에서 끊임없이 회전하는 작고 나약해 보이는 지구, 그러면서 모든 생명체가 공유하는 그 지구 전체를 최초로 온전히 볼 수 있었다. 이제 지구는 우주의 중심이 아니었지만, 무한한 우주에 존재하는 우리 모두의 유일한 집이었다.

여러 우주 비행사가 우주여행이 자신들에게 어떤 심대한 효과를 가져다주었고 그 경험이 어떻게 자신들의 현실 인식을 바꾸어놓았는지 언급했다. 에드거 미첼Edgar Mitchel[36]은 이렇게 말했다. "달 표면 위로 지구가 떠오르는 장면을 보는 것은 강렬한 경험이었다. 그 순간 문득 나는 내 몸의 분자들 또한 우주선과 동료들의 분자들과 같은 원형이고, 어쩌면 그 원형은 아주 먼 별들의 과거 세대에 만들어졌을 수도 있겠다는 생각이 들었다. 하지만 이런 생각은 지적 경험이라기보다는 개인적인 느낌이었……. 이런 경험을 하다니 하며 나는 행복감과 황홀감에 젖어들었고, '이게 뭐지?' 하고 중얼거렸다. 지구로 귀환한 뒤에 이런저런 연구를 해서 그때 경험이 고대 산스크리트어로 사마디Samadhi[37]라는 것

---

36 미국 해군 장교이자 비행가, 항공 엔지니어, 나사 우주비행사. 1971년에 달 탐사선 아폴로14호 조종사로 참여해서 달 위를 걸은 여섯 번째 사람이다.

37 인도의 요가, 불교 등에서 적멸, 적정, 고요함에 빠져든 명상 상태 또는 정신 집중 상태를 가리키는 말이다. 여기서 고요함은 깨어 있는 상태에서 경험하는 고요함이다. 인도의 종교 전통에서는 여러 가지 명상을 수행하며 깨어 있는 고요함을 수양하는 것이 영적 해방을 이루는 핵심 사항이다. 삼매三昧라고도 한다.

을 알았다."

미첼은 인지적 지식에서 내적 앎으로 변화하는 과정을 분명하게 설명한다. 우주여행이라는 강렬한 경험은 명백히 촉매제로 작용했고, 그의 삶은 완전히 새로운 방향으로 돌아섰다. 그런 경험은 시간을 초월한 것으로 인식되었다. 실제로 단 1초의 몇 분의 1이라는 짧은 시간에 일어난 일이라도 영원처럼 생각될 수 있다. 그런 경험은 시간을 벗어난 것이라고도 할 수 있다. 이런 경험을 비이원(불이주二) 경험이라고도 말하는데, 불이 경험이란 "모든 사물을 서로 구분되고 분리된 것으로 생각하는 우리에게 익숙한 이원성 맥락을 넘어선 일체성 경험"을 가리킨다. 일부 사람이 보고한 임사 체험[38]도 충분히 잠시나마 이원성을 벗어난 경험일 수 있다.

그런 일체성을 경험한다고 해서 우리가 불쑥 새로운 **가치관 체계**를 지니게 된다는 의미는 아니다. 그보다는 잠시 시간의 테두리 너머를 엿보았다고 비유하면 좋을 것 같다. 그런 경험을 하고 나서 우리는 우리에게 익숙한 (이원) 의식으로 되돌아온다. 일체성 경험은 사라지고 이전 시스템이 원래 자리로 되돌아온다. 그러나 사람에 따라 일체성 경험의 강렬함이 전혀 사라지지 않을 수도 있다. 그러면 그 사람은 '삶 자체가

---

38 죽음에 가까운 상태를 느끼는 체험. 심정지에서 소생한 사람의 4~18퍼센트가 체험한다고 알려졌다. 대개 빛 체험, 인생 회고, 지각 확대 등을 보고하는데, 체험자는 이런 상태를 종교적이기보다는 정신적인 것이라 느끼며, 체험을 한 후에는 기성 종교를 떠나 보편된 종교심을 탐구하는 방향으로 흐르는 경향이 있다고 한다.

변화한다.˙

가치관 체계가 다른 사람들은 서로 다른 생활조건에 매력을 느낀다. 그러나 세계가 더 진화해서 달라진 생활조건과 우리 정신의 발달 수준이 조화를 이룰 때쯤에는 점차 더 많은 사람이 **청록색** 단계에 도달할 것이다. 이 단계에서는 신비 경험과 인지 경험이 통합될 수 있을 테고, 종교와 과학의 경계선도 뛰어넘을 것이다.

몇몇 영적 스승은 인류에게 **청록색**을 들여오기 위해 저마다 자신의 영적 발달 작업에 매진하도록 지도하며, 분명 제한된 성공을 거두기도 한다. 하지만 과연 영적 발달의 길이 목적을 달성할 수 있을지는 의문이다. 명상이나 관상 또는 관조 수행은 번잡스러운 우리 일상생활에서 침착성을 잃지 않고 우리 존재와 주변 모두의 통일성을 불러오기에 뛰어난 방법이긴 하지만, 이런 방법이 우리 마음에 상위 **가치관 체계**를 들여올 수 있는 길인지는 현재로선 아직 아무런 증거도 없다.

도덕적 인식

그레이브스는 **청록색**의 심오한 도덕적 인식도 언급한다. 여기서 우리는 세계의 통합을 복원하려는 **청록색**의 목표와 방법을 엿볼 수 있다. 그래서 우리는 **청록색**이 세상에 널린 수많은 불필요한 고통을 끝장내고 사람들의 운명에도 자비로우리라고 기대할 수 있다. 그렇더라도 **청록색**은 **초록색**이 개인의 조화 감각을 경험하기 위해 행동한 것처럼은 하지 않으리라는 점도 지적해야겠다. **청록색**은 단지 한 사람에게 다가온 고통이 전체인 인류를 불필요하게 괴롭힌다는 사실을 알아차리고, 고통을 끝내기 위한 행동을 실천한다. 또한 **청록색**은 모든 물질과 모든 생명체가 단숨에 연결된다는 사실과 이 전체 시스템 중 한 부분에 불균형이 일어나도 구성체 모두에게 영향을 끼친다는 사실을 바로 인식한다.

청록색의 출현

청록색의 핵심인 통일성을 바라보는 인식이 세계 주요 종교 창시자인 신비가들에게도 영감을 주었을 가능성은 매우 커 보인다. 힌두교의 바탕인 《베다》(기원전 1500~기원전 1000), 도교의 기반인 《도덕경》(기원전 300), '성부, 성자, 성령'이라는 성 삼위일체 관념이 깃든 《성경》 같은 신성한 문헌들이 그 점을 증언한다. 그러나 지금과는 생활조건이 매우 달랐고 사회구조도 덜 복잡했기 때문에, 그 시대에 **청록색**을 말할 수는 없었을 것 같다. 그렇긴 해도 인도에는 여러 시대에 걸쳐 모든 것과 자신의 일체성을 인식했던 신비가들이 있었다. 비록 사회에서 격리된 아쉬람에서였기는 하지만 말이다.

우리가 **청록색** 단계로 진화해간 사람들을 알아보기 시작한 것은 기껏해야 20세기 초다. 인도에서 지두 크리슈나무르티Jiddu Krishnamurti[39]와 스리

---

39 철학과 영적 주제를 다룬 인도의 영적 지도자이자 작가. 그를 중심으로 창설된 '동방의 별' 교단을 해산한 다음 모든 권위와 영광을 거부하고 사람들을 조건 없이 완전히 자유롭게 하는 일에 매진했으며, 종교 전통이라는 테두리에 머물지 않고 스스로 내적인 탐구만 해도 진리에 다가갈 수 있다고 주장했다.

오로빈도Sri Aurobindo[40] 같은 영적 스승들은 고차 의식의 발달과 그 의식이 사회에 작용하는 효과를 설명하면서 영성과 의식을 진화적 시각으로 바라보기 시작했는데, 이런 작업이 **청록색**을 향한 첫 발걸음을 알리는 신호다.

피에르 테이야르 드 샤르댕Pierre Teilhadrd de Chardin[41](1926)은 종교와 진화론이 화해할 수 있도록 탐구하는 과정에서 사물이 그가 '정신권noophere'이라고 부르는 영역과 어떻게 서로 연결되는지 설명했는데, 이 부분은 **청록색** 세계관과 그대로 들어맞는다. 대략 같은 시기에 과학기술 영역에서는 니콜라 테슬라Nikola Tesla[42]가 모든 사람에게 '에너지를 무료'로 제공해줄 가능성을 찾아냈는데, 원형 정도 개발할 수 있는 개념도만 남아 있을 뿐 전체 설계도는 이상하게도 그가 사망한 이후 사라지고 말았다. 현재 그의 구상을 되살리기 위한 노력이 활기를 띠고 있다.

---

40 20세기 인도의 가장 뛰어난 철학자이자 현자 중 한 사람. 영성의 길인 '통합요가'를 주장하며 독특한 통합적 의식 모델을 제안했으며, 상승하고 하강하는 흐름을 통합하고 영과 물질을 결합하려고 노력했다. 주요 저서로는 《신성한 삶》, 《통합요가》 등이 있다.

41 1911년에 성직자가 될 때까지 신학 과정 말고도 자연과학, 특히 지질학과 고고인류학을 깊이 연구했으며, 1929년에는 중국 저우커우뎬에서 베이징원인을 발굴하는 작업에도 참여했다. 과학적 진화론을 신학에 도입해 과학과 종교를 아우르려고 노력했으며, 더 나아가 우주의 미래(오메가 포인트)를 예시해 일부 가톨릭 신학계에서 예언자다운 신학자로 추앙받기도 한다.

42 세르비아계 미국인 발명가이자 물리학자, 기계공학자, 전기공학자. 교류시스템의 기초를 수립했다. 자기장의 국제 단위인 '테슬라'와 미국의 전기자동차 '테슬라'도 그의 이름에서 따온 명칭이다.

우리는 테슬라의 이론을 **청록색** 과학기술이라고 보는데, 거기에 (에테르처럼) 눈에 보이지 않는 실재를 통합하는 과학적 통찰이 담겨 있어서이기도 하지만, 그 이론이 사회에 미칠 잠재적 효과도 매우 클 것이기 때문이다. 현재 우리가 살아가는 세계는 고에너지 중심 사회이지만 에너지 자원이 매우 제한된 터라 권력이 집중되기 마련이다. 만일 에너지를 자유롭게 사용할 수 있다면, 이런 권력 구조는 무너지고 진정한 '지구촌'이 꾸려질 가능성은 더욱 커질 것이다. 덧붙여, 이런 목표는 **노란색** 과학기술로도 달성할 수 있는데, 예를 들어 태양광 에너지를 사용하면 지역 단위에서 필요한 에너지 수요를 충당할 수 있다.

실제로 과학 대부분이 물질세계라는 **오렌지색** 틀에 갇혀 있지만, 최근 수십 년 들어 이 틀을 넘어선 연구가 점점 많이 눈에 띈다. 한 예로, 루퍼트 셸드레이크Ruper Sheldrake[43]는 개인적 발견과 경험들이 모든 이가 접근할 수 있는 집단적 의식의 장 안에 저장된다는 가설의 '형태형성 장morphogenetic fields'[44]을 연구하고 책으로 출판했다. 이 장은 인간은 물론 동물과 식물에도 적용할 수 있다.

---

43 켐브리지대학 생화학과에서 세포생물학 연구 책임자를 지냈고, 영국 왕립학회 연구위원이었다. 세계적인 생물학자로서 계속 발달하며 살아 있는 우주와 그 자체에 담긴 기억(습관)을 강조하며 과학적 사고에 혁명을 불러일으켰으나, 한편에선 사이비 과학자라는 비판을 받기도 한다.

44 유기체의 '형태'가 발달하고 유지되는 데 관여하는 장場을 말한다. 이 관점에서는 유기체가 단백질 합성에 필요한 물질적 유전자뿐만 아니라 특정한 형태를 갖추게 하는 비물질적인 형태장도 물려받는다고 본다. 이 개념을 확장해서, 켄 윌버는 우리가 '자연법칙'이라고 알고 있는 개념은 실은 오랜 기간 반복적으로 쌓여 생긴 '우주의 습관'이라고 말한다.

두 번째 대역("2층")의 반복

그레이브스는 **노란색**에서 시작하는 두 번째(2층) 대역에서 처음 여섯 가지 가치관 체계가 좀 더 복잡한 수준으로 반복된다는 가설을 제기했다. **노란색**은 개인의 육체적 생존에 초점을 맞춘다는 점을 제외하면 **베이지색**을 반복한다. 그다음 **청록색**은 **보라색**의 반복이지만, 사람이라면 무조건 가족의 일원이 되는 **보라색**에 비해, **청록색**은 모든 생명체가 단일 생태 시스템의 일부라는 점을 인식하고 거기에 맞춰 행동한다. **청록색**은 이전의 모든 **가치관 체계**에서 지혜를 끌어내기에, **보라색**의 직관도 **오렌지색**의 과학기술만큼이나 가치 있는 능력으로 여긴다.

자아 발달 모델과 비교하기

청록색 개인이 보유한 자질과 관련해서는 예컨대 뢰빙거Loevinger[45]와 쿡-그로이터[46]의 자아 발달 연구에서 더 많은 통찰을 얻을 수 있다. 그들이 연구에서 밝혀낸 최종 단계로서 '통합 단계'를 설명한 부분을 보면 **청록색**을 좀 더 잘 이해할 수 있다. "이 단계 사람들은 우주로 향하는 보편된 시각을 지니고 있으며, 자신을 계속 진화하는 인류의 일부로 본다. 그들은 스스로를 자연의 한 부분으로 느끼고, 개인의 공적이

---

45 심리 측정 분야 전문가인 제인 뢰빙거Jand Loevinger(1918~2008)는 자아 발달 이론을 확립한 미국의 대표적인 발달심리학자다. 직접 만들어낸 '문장 완성 검사'로 도덕성 발달, 대인 관계, 개념적 복잡성을 측정해서 자아 발달 단계를 찾아냈다. 대표적인 저서로《자아 발달》(1976)이 있다.

46 주자네 쿡-그로이터Suzanne Cook-Greuter는 자아 발달 연구를 더욱 깊이 있게 이끌며, 뢰빙거 연구에서 밝혀지지 않은 더 높은 단계를 추가로 찾아냈다.

아무리 크다 한들 인간 존재라는 넓은 바다의 한 방울 물일 뿐이라고 생각한다. 또한 다른 사람의 본질을 존중하며, 다른 발달 단계에 있다는 이유로 사람들을 변화시킬 필요를 느끼지 않는다. 자기 자신을 있는 그대로 받아들이기 때문에, 다른 무엇도 통제할 필요를 전혀 느끼지 않는다. 그래서 그들은 발달 단계, 나이, 배경 등을 가리지 않고 누구하고나 편안하게 상호작용할 수 있다."

청록색과 조직

여기서 우리는 **청록색**을 조직과 관련해 검토하지는 않을 것이다. 검토해봐야 억측일 뿐이기 때문이다. 복잡한 조직들 대부분이 현재 조직 전반에 **초록색**을 통합하려고 고군분투하고 있고, 그중 극히 일부가 **노란색**에 눈을 뜨고 있긴 하지만, 아직은 여기까지다.

끝으로

모든 사람이 **청록색** 가치관 체계에 비춰 활동한다면 가장 이상적이겠지만, 그레이브스의 철학에 따르면 **청록색**도 마찬가지로 더 복잡한 상위 수준의 능력으로 해결해야만 하는 새로운 문제를 만들어낼 수밖에 없을 것이다. 그레이브스는 이런 열린 과정을 '끝없는 탐구'라고 불렀다.

일반 특성

사고방식	
삶을 대하는 태도	현실을 경험할 수는 있지만, 오롯이 다 이해할 수는 없다. 의식의 새로운 영역을 경이감으로 바라보고 탐구한다. 직관과 인지에 동일한 가치를 둔다.
기본 욕구, 삶의 주제	**노란색**이 세계가 지속하도록 보장했다면, **청록색**은 모든 생명체 사이의 균형을 복원해서 세계에 통일성과 안정성을 되돌려주려 한다.
맥락, 세계관	우리는 단일한 에너지 실체로서, 모든 사람과 모든 생명체와 필연적으로 밀접하게 얽힌다.
기원	
시기	100년 전(또한 놀랍게도 2500년 전!)
장소	인도, 유럽, 미국
창시자	세계 종교의 신비가들, 테이야르 샤르댕, 니콜라 테슬라, 스리 오로빈도, 지두 크리슈나무르티
두드러진 모습	
좋은 점	먼 미래에나 알려질 듯
나쁜 점	아직 알려진 내용이 없다.
개인적 의미	
발달	삶을 경험하고 새로운 의식 영역을 발견한다. 존재 자체가 휴식.
특징	직관적, 경험 중심, 자신과 타인을 있는 그대로 받아들인다. 인간성과 자연의 지혜를 신뢰한다.
행동	지구상 모든 생명체의 균형을 잡는 데 헌신한다. 모든 사람을 있는 그대로 존중하며 다른 사람을 통제하려는 욕망에서 자유롭다. 더 큰 전체에 기여할 때는 리더십을 받아들인다. 결코 다른 사람을 희생해서 자신의 권력과 명성과 이익을 추구하지 않는다.
사회	
에너지 공급원	테슬라 이론에 따른 제로 포인트zero-point 에너지
사회 형태	'지구촌'
경제	아직 나타나지 않음
새로운 화폐 형태	아직 나타나지 않음

종교	과학과 종교의 통합
문화 주제	아직 나타나지 않음
예술 주제	아직 나타나지 않음
지도자	아직 나타나지 않음
발명품(예)	아직 나타나지 않음
혁신	아직 나타나지 않음
새로운 부문	아직 나타나지 않음
현시대의 예	
공동체	아직 나타나지 않음
유럽 지역 집단	아직 나타나지 않음

부록

부록 1. 가치관 체계 색깔별 하위 단계의 특성

한 색깔의 정점에서 다음 색깔의 정점으로 옮겨가는 전이 과정에는 두 가지 하위 단계가 존재하며, 이웃하는 두 색깔의 사고 특성이 뒤섞여서 나타난다. 본문에서 편의상 **빨간색**, **파란색** 등의 특성으로 설명한 내용은 대체로 해당 색깔 가치관 체계의 '전성기/정점'에 해당한다. **빨간색** 정점을 벗어나는 퇴장 지점(**빨간색**/파란색)과 빨간색 특징을 여전히 얼마간 지닌 채 이제 막 파란색으로 들어서는 진입 지점(빨간색/**파란색**)은 정점과 특성이 다르다. 예를 들면, **빨간색**(노골적인 권력 추구)과 **파란색**(목적과 질서) 사이에는 **빨간색 퇴장** 단계(폭력적인 열성 당원 영역)와 **파란색 진입** 단계(의로운 절대주의)가 놓여 있다. 또한 선진국 기업가들은 대부분 **오렌지색**에서 **초록색**으로 '진입'하는 과정에 있고(그래서 이윤을 지역 사회에 환원하는 데 관심을 보이고), 개발도상국 정치가들은 **파란색 퇴장** 단계를 **거쳐 오렌지색**으로 진입하는 과정에 있다(그래서 국가 경제를 중앙통제식 관료주의에서 기업가 정신과 자유시장 경제 체제로 전환하려고 노력한다)고 볼 수 있다.

본문에서 색깔로 제시한 8가지 단계의 갈래를 '진입' '정점' '퇴장'으로 나누면 **가치관 체계**의 발달 단계는 총 21가지가 된다.

1. 베이지색/보라색 퇴장 단계

단순한 무리 형태를 띤 인간 존재는 다른 무리들과 영토, 먹을거리, 짝을 차지하기 위해 치열하게 경쟁하는 상황을 맞는다. **베이지색** 생활조건인 기본적인 생존 욕구가 해결되면서 '나'라는 독특한 자기 인식을 드러내는 새로운 두뇌 회로가 형성되기 시작한다. 초기에는 모든 일을 그저 주술적인 사건으로 돌렸지만, 이 지점부터는 일이 발생하는 과정을 관찰하기 위해 시간을 들이게 되고 원인과 결과를 연결하기 시작한다.

2. 베이지색/보라색 진입 단계

보라색 생활조건은 사건을 원인과 결과로 연결하는 내적(대뇌 신경계) 장치를 요구한다. 진입 초기 단계에서 산, 강, 태양, 불 같은 자연현상에 기울이는 관심은 물활론과 정령 숭배의 형태를 띠지만, 시간이 지나면서 이런 현상은 비옥함과 생식력을 상징하고, 토템 신앙과 액막이 부적이 된다. 이 단계에는 아직 자연을 통제할 수 있다는 감각이 전혀 없으며, 피해 받지 않고 자연과 조화롭게 살고 싶은 마음으로 자연에 깃든 정령을 달래는 정도가 전부다. 이와 비슷한 특징을 유아기 말기와 아동기 초기에서 찾아볼 수 있다.

3. 보라색/빨간색 퇴장 단계

보라색 퇴장 단계에서 가족과 부족의 구속력을 깨고 자기중심적 자아ego가 깨어나기 시작한다. 이제 사람들은 스스로 행동하겠다는 꿈을 꾸기 시작하며, 안전 욕구가 해결되고 남은 힘과 자원으로 내적 상위 체계를 향해 변화할 준비를 한다. 그래서 세상사를 둘러싼 근거 없는 미신을 의심하기 시작하며, **보라색** 지도자의 신빙성에도 도전한다. 그렇게 해서 그동안 잘 유지되던 부족의 질서가 위기를 맞는다.

나선 역학 모델, 모든 것의 이론

빨간색 특성이 스며들기 시작하면서, 힘 센 사람이 세상에 영향력을 미칠 수 있다는 인식이 증가한다. 그래서 보라색 퇴장 단계에서는 개인의 자율성을 향한 열망이 커지는 한편, 더욱 풍요로운 지역을 차지하기 위해 보라색 집단끼리 서로 충돌하고, 그 과정에서 카리스마 있는 지도자/족장이 새로운 권위를 거머쥐게 된다.

4. 보라색/빨간색 진입 단계

빨간색은 처음으로 자신을 분명하게 표현하는 '나' 지향적 가치관 체계다. 진입 단계에서 이제 막 출현한 '나'는 거칠고 충동적이지만, 매우 자유분방하고 창의적이기도 하다. 두 살 무렵인 어린아이에게서 이런 특징이 두드러지게 나타나며, 사춘기에 다시 분출한다. 보라색에서 빨간색으로 옮겨가는 과도기의 사람들은 자신의 행동을 억제하는 힘을 참지 못하고 거세게 저항한다.

보라색의 정령 숭배, 주술적, 신화적 체계에 빨간색이 침투하면서, 정령은 신의 지위로 격상되고 마법과 주술은 다른 사람을 통제하는 무기가 된다. 빨간색 집단에서는 주술적 사고에서 남자다움의 과시로 변화한다.

5. 빨간색/파란색 퇴장 단계

이 단계에서 '죄의식'이 등장하기 시작하며 억제되지 않은 욕망과 충동적 행위에 회의가 싹트고, 뻔뻔한 용기는 삶의 의미와 목적을 추구하는 질서 있는 세계에서 문제를 일으킨다. 이 단계 사람들은 가진 자와 못 가진 자가 모두 결국에는 똑같이 죽는다는 사실을 깨닫는다. 가진 자는 자신들의 행운이 신의 의지라고 믿으며 기뻐하고, 못 가진 자도 차차 좋아지겠거니 희망을 안고 고통을 받아들인다. 두 집단이 다 자신들이 어떤 계획에 어떤 의미를 담건 모든 것을 압도하는 힘이 개입할 거라고 생각한다. 분노한 신의 손아귀에서는 노예와 주인이 모두 죄인일 뿐이다. 이 단계에서는 타인을 인식하기 시작하기 때문에, 사람들이 자신만을 위한 충동적 행동을 넘어선 곳에 관심을 보인다.

빨간색 퇴장 단계에도 여전히 충동적 자아가 강하게 남아 있지만, 자신보다 강력한 무엇(신, 진리)과 영원에 관한 인식이 최초로 싹트고, 삶과 죽음에 나름의 의미를 두며 죄의식이 깃든 합목적적 자아로 깨어나기 시작한다.

6. 빨간색/파란색 진입 단계

빨간색 퇴장 단계에서 등장한 한 줌의 죄의식이 **파란색** 진입 단계에서는 중심에 자리를 잡는다. 자아중심적 충동과 당장 얻는 만족을 추구했는데, 이제는 행동의 결과에 주의를 기울이고 만족도 뒤로 밀린다. 이 단계에서 유일하게 옳은 방식을 고집하는 정의감이 깨어나며, 그런 약속을 하는 위엄 있는 지도자를 숭배한다.

파란색 진입 단계에서는 사고방식에서 선과 악을 구분하고 작게라도 잘못이 있는 사람을 수치스럽게 만드는 경향이 있다. 이 단계의 체계는 **빨간색**의 충동을 마구 바깥으로 표현하는 대신 내면에 붙들어놓는다. **파란색** 체계가 깨어나면서 참회와 속죄가 기분 좋게 느껴지고, 가벼운

심리적 고통은 영감을 불러일으킨다. 하지만 이 전이 구역에서 억센 경향을 보이는 **빨간색**을 간과해서는 안 된다. 아직 **파란색**이 확고하게 자리를 잡지 않았기에 강력한 **빨간색**으로 되돌아갈 수도 있다. **파란색** 진입 단계에서는 불순한 생각을 제거하려는 힘, 또는 잘못 생각하는 사람을 돌이키려는 힘이 강하게 작용한다. 깨어난 **파란색**은 '목적'이 필요하고 **빨간색**은 '활동'을 열망하기 때문에, 이 힘은 종종 호전성의 근거가 되기도 한다. 급진적 시온주의자, 큐 클럭스 클랜(KKK), 흑인 무슬림 공동체, 신나치 등이 여기에 해당한다.

7. 파란색/오렌지색 퇴장 단계

일단 **파란색**이 세상을 안정시키고 질서를 믿을 만하게 세워놓으면, 퇴장 시점에서 권위에 도전하고 가능성을 과학적으로 검증하는 실용적이고 독립적인 자아, 곧 우리보다 '나'를 강조하는 자아가 또다시 고개를 들기 시작한다. **파란색**이 퇴장하는 단계에서는 뒤로 물러나 신중하고 거슬리지 않을 만큼 통제된 독립적 사고를 하게 된다. 이 단계 사람들에게는 자신이 존경하는 적법한 권위자에게 들은 말이 진실이다. 이런 권위자의 말을 아직은 자유롭게 해석하지 못하더라도, 권위자를 보편된 기준으로 더는 바라보지 않는다. 여전히 자신의 관점을 표현하려는 욕구보다 권위자에게 복종하려는 심리가 더 강하지만, 그래도 자율성으로 기울기는 한다. 이 단계 사람은 권위자가 지시하는 대로 일을 하다가도, 그가 지켜보지 않으면 자기 방식대로 일을 해보려고 생각한다. 이런 생각은 조심스러운 자기조절과 솔직하지 못함의 출발점이라고 할 수 있다. **파란색** 단계에서 맛본 자유가 없다는 쓸쓸함이 독립심, 개인의 유능함, 자기통제라는 **오렌지색** 특성을 깨운다.

파란색 퇴장 단계에서는 타인을 의무감이나 동정심에서 돕기는 하지만, 진정코 타인에게 공감하는 사례는 드물다. 기회가 있을 때마다 자신의 정의로움과 올바름을 과시하고 싶어 하며, 다른 사람의 약점을 비난하길 좋아한다.

파란색이 퇴장하는 단계라도 아직은 협소하게나마 **파란색** 영역이다. 규칙을 철저히 지키며, 때로는 말을 듣지 않고 건방지거나 게으른 사람을 일하게 만드는 일종의 몽둥이로 규칙을 활용한다. 이 단계 직원들은 더 높은 생산성을 무리하게 요구하는 권위자에게 공격당하고 억압받는다고 느낀다. 이 단계 사람들은 윗사람에게는 정중하고 공손하게 행동하지만, 아랫사람에게는 작은 독재자가 될 수 있다. 또한 복종이라는 짐을 등에 업고서는 짐이 무겁다고 원망하면서도, 내려놓을라치면 복종이 주는 안정감을 잃을까봐 두려워 내려놓지 못한다.

이 단계 경영자는 더 좋은 결과를 더 많이 더 빨리 내어놓도록 직원들을 밀어붙이는, '인정할 줄 모르는 독재자'가 되는 경향이 있다. 그래서 권위주의가 흔들림 없이 잘 작동하는 영지를 구축하려 하지만, 종종 직원들의 높은 이직률, 사기 저하, 숱한 불평불만과 마주한다. 이 단계 사고방식에는 일을 조직화하는 데 뛰어나고, 책임감을 다해 권위자의 지시를 따른다는 긍정적인 면이 있다.

파란색 정점 부근에서 선임자나 상사의 권위 있는 의견을 가장 거침없이 받아들인다. 하지만 **파란색** 퇴장 단계에 가까워지면 권위로 보증된 진실에서 벗어나 일을 할 수 있게 된다. 이제 막 출현한 독립심은 여전히 독자적 실험을 허용하지 않기 때문에 극단의 실험이나 그 위험부담을 회피하는 경향이 있다. **파란색** 정점 단계에서는 '권위자의 명령에 따르면 얻게 될 미래의 보상을 위해 지금을 희생'하지만, 퇴장 단계에서는 신뢰할 만한 권위자가 아니면 권위자의 말을 대놓고 무시한다. 권위자를 평가하는 기준은 외부 요인에서 자기 내면의 올바른 사고로 바뀌며, 내심 자신의 생각이 더 낫다고 믿는다.

파란색 퇴장 단계가 되면 안정을 유지해주는 절대 진실에 매달리면서도 다른 한편으론 사고의 독립성을 원하기 때문에, 갈등과 요동의 시기다. 그래서 때로는 악을 말끔히 없애고 선을 세우려는 과도한 충동에 휩싸이기도 한다. 이제 **오렌지색** 열정에 물든 이들에게 세상은 이전보다 복잡하지만 새로운 가능성으로 충만한 세계가 된다.

8. 파란색/오렌지색 진입 단계

오렌지색 이전 단계들이 종종 빈곤, 질병, 봉건제, 침체 등으로 얼룩졌다면, **오렌지색**으로 진입하면서 '개인의 성취'라는 새로운 희망이 생긴다.

오렌지색 진입 단계는 활동을 개시하는 시점에 뛰어난 능력을 보인다는 유용한 특징이 있다. 그러나 온갖 계획과 생각으로만 꽉 차 있어, 시작은 잘하지만 끝까지 완수하는 일은 드물다. 그래서 엄청난 열정과 탁월한 솔선을 보여도, 진행 과정에서 다른 체계가 보완해주어야만 일을 계속할 수 있다.

오렌지색 진입 단계에 있는 사람들은 자신을 표현하고 남보다 앞설 기회에 목말라 있다. 하지만 이런 열망에 들떠 행동하다 보면 성급하게 탈진할 수 있다. 이 체계는 다른 사람들이 무슨 말을 하건 얽매이지 않는다. 아직은 다른 이들의 말을 무시할 정도로 충분한 개별성을 갖추지 못했지만, 몇몇 친한 사람들을 이끌고 싶어 하는 강렬한 욕망이 있다. **오렌지색**이 깨어나면서 **파란색**에서 생겨난 죄의식을 누그러뜨리긴 하지만, 아예 없애지는 못한다. **파란색**은 다른 사람들의 생각과 반대되는 의견을 끔찍하게 여기지만, 오렌지색 진입 단계는 끔찍하다는 감정 자체를 어리석다고 생각한다.

이 단계 사람들은 다른 사람과 어울리기보다 아이디어를 제시하고 일을 수행하는 역량이 더 뛰어난데, 이런 부분은 이들이 대인관계 측면에서 취약하다는 증거다. 이들은 팀을 구성하기도 하고, 집단 활동으로 좋은 성과를 거두면 고마워하긴 해도, 좀처럼 집단 구성원들과 어울리는 법이 없다. 기발한 생각과 계획이 샘솟지만, 그것을 다른 사람이나 집단과 공유하고 싶어 하지 않는다.

이 단계 사람들은 자신을 지원하는 사람이 주변에 있더라도 그와 신뢰를 쌓기에는 지나치게 비판적이고 차별적이다. 타인을 편안하게 대하거나 지원해주기보다는 늘 타인을 평가하며 우쭐대기를 좋아해서 혐오감이나 괴리감을 안긴다.

9. 오렌지색/초록색 퇴장 단계

이 단계는 여전히 자기중심적 방식을 고수하면서도 다른 사람의 존재 또한 필요하고 중요하다고 느끼기 시작하는데, 새롭게 출현한 타인을 향한 욕구를 일종의 약점으로 보고 좋아하지는 않는다. 이 단계에서 선택한 전략은 타인에게 만족을 주고 필요하면 도움도 요청할 수 있을 만큼 가까이 있되 적당히 거리를 유지하는 식이다. 하지만 끊임없는 경쟁 속에서 차오르는 고독감을 떨쳐내지 못한다. 이들은 복잡함을 충분히 인식할 만한 내적 체계를 갖추지 못했지만, 복잡한 상황 자체를 두려워하지는 않는다.

오렌지색 퇴장 단계에서 '이렇게 사는 길이 전부일까?'라는 의문이 깨어나기 시작한다. 물질적 풍요를 일구었지만 엄청난 대가를 치러야 했기 때문에, 남들보다 앞서려는 자기 계발 욕구는 점차 소속감, 타인과 조화를 이루기 위한 자기 발견, 자기 실현 욕구로 바뀌기 시작한다.

10. 오렌지색/초록색 진입 단계

초록색 가치관 체계는 생존을 위한 삶의 양식인 1층 사고체계의 최정점이다. 그래서 이전 다섯 단계의 성공 결과이자 실패의 산물이기도 하다. **초록색**으로 진입하면서, 내적 조화와 평화를 찾기 위해 주변 사람들을 수용하고 그들과 함께하려는 사회중심적 자아가 다시 등장한다. **초록색** 체계가 깨어나면서, 사람들 사이의 격차가 여전히 크고, 필요 이상으로 많이 소유한 사람이 있는가 하면 최소한의 필요도 채우지 못할 만큼 가난한 사람도 있다는 사실을 알고 놀란다.

오렌지색 정점에 다다른 사람은 다른 이들에게 진심으로 받아들여지는 느낌을 받지 못한다. 그래서 **나선 역학**식으로 말하면, 또다시 어딘가에 소속되고 싶은 욕구를 느낀다. **초록색** 체계는 공동체 이익을 위한 적법한 행동, 불우한 이들을 돕는 가치 있는 활동을 지원하는 일에 관심을 보인다. 이런 관심은 '자신과 타인을 위해 지금 얻을 수 있는 것을 확보하려고 지금을 희생'하는 가치를 보여준다. 이 단계의 우호적인 상호작용과 자기만족이 서로 얽혀들어, 대인 관계 기술은 최고조에 오른다. 직관력과 통찰력이 가치 있는 상품이고, 공감하며 경청하기 같은 대인 관계 기술을 다듬는 노력에 힘을 기울인다.

오렌지색을 쥐고 흔들던 성취 욕구의 자리에 감성이 들어서며, 고립감과 고독감으로 이끈다. **오렌지색**의 통제 욕구가 개방성과 신뢰를 제한하기 때문에, 이 단계 사람들은 여전히 대인 관계에 충실하게 개입하기를 꺼린다. 그래서 **파란색**의 절대 진실을 향한 믿음과 **오렌지색**의 직접 경험으로 쌓은 지식을 **상대주의**로 바꾸어놓는다. 이미 **오렌지색** 정점에서 물질적 추구를 시도했고 원하는 대상을 얻었기 때문에, 이 단계에서는 이제 진정한 내적 평화를 가져다줄 중심점을 찾는 일이 중요해진다. 사람들이 이 지점에서 더 나아가지 못하면, 그들의 삶은 종종 '아하!' 하는 경험의 연속, 반복적으로 순환하는 깨어남의 연속으로 진행된다. 이 단계 사람들이 이 스승에서 저 스승으로, 이런 절정 경험에서 다른 절정 경험으로 바삐 옮겨다니는 이유는 그래서일 가능성이 있다.

나선 역학 모델, 모든 것의 이론

11. 초록색/노란색 퇴장 단계

초록색이 정점을 지나 퇴장 단계를 향해 가면서, 그동안 자신을 짓눌러 온 집단주의의 효과에 회의를 품고 개성을 추구하려는 욕구가 부활하기 시작한다. 이 단계 사람들은 집단에 속해 있건 아니건 좋은 대인 관계를 유지하기 위해 개인의 시간과 돈과 노력이라는 더없이 큰 대가를 치러야 했던 점에 회의와 환멸이 드는 동시에, 마음속 깊은 곳에서 힘이 솟구쳐 오르는 것을 느낀다.

초록색이 퇴장하는 시점에서 다시 개인의 내적 문제로 초점이 바뀌기 시작한다. 대가로 개성을 포기하지 않아도 되는 소속감에 관심을 쏟고, 사고방식이 이것 아니면 저것에서 양쪽 모두로 바뀐다. 이 단계에서 조직은 이윤과 생산성이 떨어지고, 예상 외로 비용이 치솟을 수 있다.

12. 초록색/노란색 진입 단계

이 단계에서도 계속 마음의 평화를 추구하지만, 그 가치가 이제 최상의 단일 목표는 아니다. 개인의 자율성이나 공동체 소속보다 상호작용하는 우주에 더 큰 흥미를 느낀다. **노란색** 진입 단계에서도 여전히 다른 사람들의 의견을 존중하므로, 그들의 의견이 의사결정에 상당히 작용한다. 그러나 **초록색**의 집단 중심적 삶의 방식에서 누그러진 개인주의로 다시 돌아선다. 이 단계 사람들은 대체로 포용과 협동을 추구하지만, 필요하면 대단히 냉정하고 무자비한 태도를 보이기도 한다.

13. 노란색/청록색 퇴장 단계

노란색 체계의 개인적 세계관은 사람들 사이에 드러나는 차이점과 독특함은 물론, 다양한 수준에서 살아가는 사람들에게 민감하다. 이 존재 단계에서는 사람들 간의 차이가 있을 수밖에 없다는 점, 그런 차이의 기원과 특징과 윤곽을 밝히는 엄청난 지식과 정보가 쌓였다는 점을 배운다. 이 과정에서 동료의 의견보다는 객관적인 정보와 지식을 토대로 자신이 내린 판단에 의존한다.

노란색이 정점을 넘어서면 **노란색**이 제기한 주요 의문을 개인 혼자서 해결할 수 없다는 사실이 드러나면서, 자율적인 개인('나') 중심에서 다시 집단('우리') 중심의 **청록색** 가치관 체계로 바뀌기 시작한다.

나선 역학 모델, 모든 것의 이론

부록 2. 나선 역학과 리더십

중소기업이건 대기업이건 현대 기업은 단일한 리더십이나 경영 방식으로 운영하기에는 무척 다양한 양상을 띤다. 이런 다양성 때문에 단일한 경영이론이나 리더십으로 모든 사람을 관리하려고 시도하다가는 오히려 더 많은 갈등을 빚고 리더십에 쌓인 신뢰를 떨어뜨릴 위험이 있다.

전통적인 리더십 이론은 흔히 '전제적, 설득적, 참여적, 위임적' 방식 중 어느 하나에 초점을 맞추거나, 지도자가 처한 상황과 부하의 반응에 따른 '상황적' 방식을 제안하거나, '섬김' 방식을 강조해왔다. 그러나 이런 리더십 이론들은 삶의 방식을 지배하는 내면의 가치관과 신념 체계를 고려하지 않은 탓에 반쪽짜리 성공에 머물렀을 뿐, 시대나 문화를 넘어 보편된 이론으로 자리를 잡지는 못했다. 존재 수준이 다른 사람들은 전혀 다른 가치관과 신념 체계, 세계관, 사고방식으로 선택과 결정을 하며 삶을 살아간다. 사람들은 제각기 자기 수준까지만 이해하고 그 너머의 영역은 자신의 사고방식으로 해석해서 넘겨짚을 수밖에 없기에, 타협하기 어려운 문제를 만나면 서로 다른 수준의 의사소통이 오가며 제각기 다른 길을 갈 수밖에 없다.

나선 역학의 가치관 체계를 이해하는 일은 기업과 조직의 다양한 리더십과 어떤 관련이 있을까? 여기서는 **나선 역학**이 제시한 8가지 가치관 체계 중 현대 기업/조직에서 찾아보기 힘든 3가지 단계(**베이지색, 보라색, 청록색**)를 제외하고 5가지 단계(**빨간색, 파란색, 오렌지색, 초록색,**

노란색)의 리더십 양상을 색깔별로 나눠서 각각의 핵심 가정과 특성을 살펴보기로 하자.

1. 빨간색 리더십

빨간색 가치관 체계는 자신 말고는 누구도 신뢰하지 않는다. 이들은 자신이 생존하거나 타인을 지배할 힘을 거머쥐는 데 필요하지 않으면 다른 누구의 경험도 가치 있는 정보로 여기지 않고 관심을 기울이지도 않는다. 그런 만큼 자신이 일차적이고, 타인은 단지 자신을 위한 수단일 뿐이다. 따라서 이 단계의 리더십은 '권력을 지향한다'.

핵심 가정

- 인간은 원래 게으른 존재이므로, 무언가를 하도록 만들려면 보상으로 유혹하거나 처벌로 위협해야 한다.
- 개인의 목표는 조직의 목표와 일치하지 않을뿐더러, 대다수 사람은 자기 조절 능력이나 통제력이 없으므로 신뢰해서는 안 된다.
- 지도자는 인간의 이런 성향을 억제하고 통제해야 한다. 공포를 조장하거나 매수해서 하고 싶지 않은 일을 하도록 만드는 것이 지도자의 역할이다. 스스로 동기부여가 된 소수의 지도자가 그런 능력이 없는 나머지 다수를 통제해야 한다. 우월한 사람을 지도자로 선발한 다음 그에게 나머지 다수를 일하도록 만드는 방법을 가르쳐 조직의 목표를 달성해야 한다.

나선 역학 모델, 모든 것의 이론

특성

빨간색은 '우월한 존재란 자신들이 가치 있게 여기는 능력이라면 뭐든 열등한 사람의 노력을 힘으로 다스릴 권리를 거머쥔 선택받은 자'라고 믿는다. **빨간색** 조직 구조는 대체로 최고 자리에 있는 빅보스, 일이 진행되도록 감독하는 스몰보스, 그리고 실제로 일을 수행하는 다수로 구성되며, 극단에는 노예를 거느리기도 한다.

빨간색 가치관 체계는 세계를 이렇게 재편성한다.

- 선택된 소수의 구상은 즉시 효과를 거두며 보상을 받는다. 특별한 재능을 지녔다고 인정받는 선택된 소수는 엘리트가 된다.
- 효과를 낼 만한 구상을 제시할 수 없는 다수는 착취당하는 대중이 된다. 대중은 생존 욕구를 해결하기 위해 애쓸 수밖에 없기에 더 나은 사고방식을 깨울 에너지가 남아 있지 않다.
- 다수 중 일부는 때때로 보상을 받으며 엘리트 주변에서 좋은 자리를 차지하고, 대중 위에 군림하며 권력을 잡으려고 무자비하게 다툰다.

빨간색 지도자는 소수의 욕망을 채워주기 위해 다수를 착취한다. 인간은 원래 게으르고 일할 의욕이 없다고 보기 때문에, 어떻게든 일하게 만들어야 한다고 생각한다. **빨간색** 지도자가 생각하기에는 '당근과 채찍'이 적절한 유인책이다. **빨간색** 조직에서는 빅보스가 설정한 목표를 달성하기만 하면 그 과정에서 생기는 낭비와 부작용은 별문제가 되지 않는다. 그래서 필요 이상으로 인력과 자원을 낭비할 가능성이 크다.

이런 리더십이 효과를 거두려면 다수의 노동자가 교육을 받지 못한 채 생존에 급급해야 하고, 그들을 쉽게 고용하고 대체할 수 있어야 할 뿐만 아니라, 일거리도 매우 단순해야 하고, 철저히 감독해야 한다.

그러나 다수의 노동자가 교육을 받고 대안을 찾는다든지, 최상위층이 노골적으로 탐욕을 부리거나 지나치게 잔혹하다든지, 상사들이 부당하게 큰 이익을 독차지하고 노동자들은 기본 욕구조차 해결하기 어렵다면 **빨간색** 조직은 실패한다.

2. 파란색 리더십

파란색은 절대적인 사고방식을 지녀서, 올바른 권위자의 말에만 귀를 기울인다. 자신은 이미 진실을 알고 있다고 믿기 때문에, 다른 사람의 말을 듣는 건 시간 낭비라고 생각한다. 첨단 기업에서는 **파란색** 리더십이 다른 유형의 리더십보다 많은 문제를 일으킬뿐더러, 직무에 몰입하는 구성원을 방해하고 리더십에 대한 신뢰를 떨어뜨릴 가능성이 크다. **파란색** 리더십은 '질서를 지향한다'.

핵심 가정

- 인간은 평등하게 태어나지 않으므로 서열이 존재하는 건 당연하다.
- 지위가 높은 권위자는 모든 이가 복종해야 할 의무와 기준을 세우고, 각자 자기 지위에 적합한 삶을 살아가도록 지도해야 한다.

- 개개인은 올바른 권위자가 배정한 계급 안에서 그곳 삶의 원리에 비춰 판단하고 행동해야 한다.
- 모든 일에는 커다란 목적과 이유가 있으며, 적절한 때가 있기 마련이다.

특성

- **파란색** 조직은 위계와 구조가 엄격하고, 서열 사이에는 넘나들 수 없는 경계가 존재한다. 권력은 개인의 자질이나 능력이 아닌 지위에서 나온다.
- 모든 사람에게 조직 전체를 개방하지 않는다. 성별, 연령, 국적, 종교 등으로 서열을 결정하며, 개성이나 다양성은 존중하지 않는다.
- 규율은 엄격하고, 처벌은 공개적으로 집행한다. 명예, 평판, 자존심, 죄의식이 조직 내부에 스며 있다. 특히 윗분을 섬기는 일이 최우선이고, 그다음이 조직이며, 일반 노동자는 서열이 마지막이다.
- **파란색** 노동자는 구체적인 방식으로 습득한 솜씨를 발휘할 수 있는 기술직을 반긴다. 이들은 의무적으로 일을 하는 청교도적(서양) 또는 유교(동양)의 노동 윤리를 따른다. 당장 얻는 만족뿐만 아니라 나중에 더 큰 보상을 받으리라 믿고, 열심히 일한다. 혁신과 위험을 감수하길 꺼린다. 그래서 규칙적인 일정에 따라 결과를 낼 수 있는 일을 바라며, 분명하게 방향을 제시해주길 원한다.

- 건강한 **파란색** 가치관을 내건 기업체에서 일하는 전통적인 노동자들은 평생고용을 기대하며, 회사가 마련해준 사택에서 만족스럽게 생활한다.
- **파란색** 지도자는 지치지 않고 부지런히 일하는 사람, 충실한 하인, 조직의 사명을 믿는 사람에게 보상한다. 장기 근속자를 위한 포상, 은퇴식, 관혼상제, 질서정연한 작업장 등은 **파란색** 가치관 체계의 산물이다. 규칙을 어기거나 어긋난 행동을 하면 재깍 처벌이 뒤따른다.
- **파란색** 지도자는 부모의 심정으로 부하의 욕구를 보살피고 행동을 통제한다. 이런 성향은 조직 안에서뿐만 아니라 노동자의 일상으로까지 확대된다. 공정, 형평성, 일관성을 중시한다.

3. 오렌지색 리더십

오렌지색 가치관을 지닌 지도자는 마키아벨리의 신봉자다. 이들은 경쟁에서 이기고 조정하기 위해 합리적이고 계산된 이성을 사용한다. 다른 사람을 배려하거나 그들의 생각과 감정에 귀를 기울이거나 그들의 세계관을 받아들이면 그들과 경쟁해서 이길 수 없다고 생각한다. 그래서 자신의 감정을 드러내고 타인을 배려하는 짓은 시간 낭비라고 여긴다. 이들에게 시간은 금이다.

대다수 대기업과 고액 연봉을 추구하는 기업 임원들은 **오렌지색** 수준에 있을 가능성이 크며, 대다수 신흥 부유층도 이 단계에 해당한다. 오렌지색 리더십은 '성공을 지향한다'.

핵심 가정

- 사람들은 자신의 이익을 최대로 끌어 올리기 위해 계산적으로 행동하며, 경쟁 기회를 유리하게 이용한다.
- 사람들은 경제적 동기를 최우선으로 생각하고 행동한다. 그래서 이런 점을 적절히 조작하면 뭐든 하게 만들 수 있다.
- 경제적 동기를 제외하면 사람들은 외부 힘에 조종되는 수동적 존재일 뿐이다.
- 인간의 노동력은 기계로 대체할 수 있는 부품과도 같다. 경제는 '보이지 않는 손'이 통제하는 시장의 힘에 좌우된다.

특성

- **오렌지색** 조직은 조직 목적에 걸맞은 노동력을 돈으로 사고, 가장 성공적으로 목적을 달성한 사람에게 가장 큰 보상을 제공한다. 이런 조직에 순종하던 초기 노동자들(**파란색**)은 시간이 지날수록 조직에 적대감을 품게 되고, 조직을 향한 충성심은 의무감에서 이해관계가 걸린 선택의 문제가 된다.
- **오렌지색** 가치관 체계는 많은 사람에게 파이 조각을 얻을 기회가 넘쳐나야만 유지되므로, 반드시 희망에 부푼 꿈이 있어야 지속할 수 있다. 일과 관련하여 기능이 전문화되고, 지위에 적합한 객관적 자원을 지원하며 꾸준히 수행 평가를 한다는 특징이 있다. 조직은 목적 달성을 위해 경제적 보상과 진급 체계를 갖추는데, 연봉과 승진 기회가 생산성을 좌우하는 핵심이다. **오렌**

지색에게는 게임에서 이기는 일 자체가 가장 큰 보상이므로, 이 가치관에 갇힌 사람은 경쟁할 상대가 없어도 게임을 멈추지 않는다.

- **오렌지색** 가치관 체계의 주목적은 특정 분야에서 가장 성공한 최상의 경쟁자가 되는 데 있으며, 성공 잣대는 자신들과 주주를 위해 더 많은 이윤을 냈느냐이다. **오렌지색** 조직은 시장에서 영향력을 확대하고, 여러 영역에서 최고 자리에 오르는 데 목표를 둔다. 그래서 이윤을 극대화하려고 노력하는 과정에서 흔히 원자재와 에너지를 지나치게 낭비해 환경을 파괴하고 자원을 메마르게 할 위험이 있다.
- 몰인정한 **오렌지색** 조직은 구성원을 낡은 기계 장치처럼 내버리고는 조직의 생존과 성장을 위해 어쩔 수 없다고 핑계를 댄다. 관대한 **오렌지색** 조직이라면 내쫓는 대신 적은 임금이나 중요도가 낮은 곳에서 일할 기회를 준다.

오렌지색 세계관을 내걸고 번창한 대기업과 다국적 기업은 대부분 현재 세 방향(**빨간색, 파란색, 초록색**)에서 동시에 공격을 받고 있다. 싸움을 즐기는 **빨간색** 활동가와 무정부주의자들(러시아 마피아 또는 알카에다 등)은 **오렌지색** 세계관이 일궈놓은 풍요를 탈취할 좋은 표적으로 바라본다. 세속에서 신성함을 보호하려는 **파란색** 사상 체계는 **오렌지색** 과학기술의 침투를 신성한 질서와 순수한 신앙을 해치는 주범으로 지목한다. **초록색** 인본주의자와 환경보호론자들도 **오렌지색**의 목표인 풍요와 번영이 이기적인 착취와 탐욕에서 나온 결과이기에 환경을 오염시키고,

자원을 메마르게 하고, 토속 문화를 파괴한다고 비난한다. 최근 세계화라고 부르는 추세 또한 **오렌지색** 가치관 체계로 무장한 다국적 기업과 선진국에 특히 유리하다고 생각하는 **초록색**의 격렬한 반대에 부딪치고 있다.

4. 초록색 리더십

초록색은 타인을 수용하는 최초의 가치관 체계다. 그래서 타인의 내면세계를 이해하고 자신의 내면세계를 타인과 공유하려는 욕구가 가장 중요하다. **초록색**은 인간관계에서 거두는 성공을 매우 중요하게 생각한다. 자신과 타인 사이에 진정성, 일치성, 정직, 신뢰가 형성되었다는 의미이기 때문이다. **초록색**은 개인적으로나 집단으로나 다른 사람의 경험과 세계관에 귀를 기울이는데, 이는 **초록색** 가치관 체계가 작동하는 방식이다. 여기에는 타인의 세계관이 집단 공동체가 합의한 세계관을 수용해야 한다는 조건이 붙는다. 타인의 생각과 감정을 파악하고 인정하고 깊이 '공감'하는 것과 그것을 바람직하다고 여기고 '수용'하는 것은 완전히 별개의 문제다. **초록색** 지도자도 자신의 방식대로 일을 진행하지 않으면 참지 못하고 짜증을 내는데, 이런 태도는 이들이 평등을 중시한다는 점에서 이율배반이다. **초록색** 리더십은 '사람/사회를 지향한다'.

핵심 가정

- 사람들은 더욱 많은 사람과 만나며 타인에 대해 더 많이 배우

고, 그들의 내면세계를 더 충분히 이해하기 위해 일한다.

- 사람들은 경제적 보상이나 물질적 소득보다 다른 사람에게 받는 인정과 호감과 수용을 더 중요하게 여긴다.

- 사람들은 개방적이고 서로 신뢰하며 공유하는 풍토에서 동료에게 인정받고 합의를 이루는 과정에 가치를 둔다. 거부와 의견 불일치를 두려워한다.

특성

- **초록색** 조직은 구성원 모두에게 성장하고 발달할 수 있는 충분한 기회를 제공하고 인권과 공동체 확충을 위해 행동하길 강조한다. 이타주의여서 그렇다기보다는 그렇게 보살필 때 개인적으로 '기분이 좋기' 때문이다. 물리적이든 사회적이든 장애와 제약이 있으면 모두 제거하려고 노력한다. 개방된 의사소통과 접근성을 높이기 위해 서열이나 고위직 특권은 내려놓는다. 직함보다는 이름으로 부르길 좋아한다.

- 대기업이라면 이제 막 **초록색** 가치관 체계가 깨어나는 중이다. 그래서 이런 조직들이 인간적 배려에 가치를 두는 듯 보이지만, 실은 생산성과 시장에서 우위를 차지하려고 선택한 **파란색** 또는 **오렌지색** 가치관이 변형된 모습일 수도 있다. 진정한 **초록색**은 사람을 최우선 순위에 놓는다. 하지만 자기 노출과 개방성을 꺼리는 현재의 **오렌지색** 최고위 임원들은 어떻게 하면 사람을 가장 중요하게 여길 수 있는지 여전히 모르는 듯하다. 깔끔하게 정장을 차려입은 **오렌지색** 기업에서는 **초록색**으로 옮겨가

는 시도에 상당한 위협과 두려움을 느낀다.

- **초록색** 가치관 체계가 확고한 노동자들은 관여와 참여를 만족의 가장 중요한 척도로 삼는다. **초록색** 지도자는 일을 지시하기보다 구성원들이 조화롭게 어울리도록 조절하는 역할에 더 중점을 둔다. 구성원들은 친목 장소나 여가 활동 여건이 갖춰진 유쾌한 환경에서 일한다. 작업을 위한 기술과 지식뿐만 아니라 인간관계에서의 유능성도 강조한다. 직급 사이의 연봉 차이는 크지 않다.

- **초록색** 조직 구조에서는 서로서로 참여하기 때문에, 지도자는 대표라기보다 동료나 친구처럼 지낸다. **초록색** 지도자는 노동자들이 일을 잘하면 친화 욕구를 채워주며 동기를 부여하려고 노력하지만, 자신의 **초록색** 가치관을 따라주지 않으면 노동자를 고립시키거나 떠나 달라고 요구하기도 한다.

- **초록색** 조직은 이윤 추구라는 전형적인 기업 목표를 게을리 하진 않지만, 거대한 이윤보다는 의미 있는 상품과 서비스를 제공하고 사회적 책임과 환경보호를 위한 의무를 다하는 데 비중을 둔다.

- **초록색** 가치관이 지나치면 생산성에서 문제를 일으킬 수도 있다. 압박이 심한 위기 상황에서는 하위 수준으로 퇴행하기도 하는데, 그러면 '사람 중심'의 가치를 내던지고 다시 **오렌지색**의 경쟁 우위를 열망하거나 **파란색**의 관료 체제로 되돌아갈 가능성이 있다.

5. 노란색 리더십

노란색은 타인이 내가 속한 집단의 구성원이기 때문이거나(**보라색**), 타인 덕분에 힘을 얻을 수 있기 때문이거나(**빨간색**), 타인에게 친절해야 한다는 의무감 때문이거나(**파란색**), 경쟁에서 승리하기 위해서거나(**오렌지색**), 집단 공동체에 수용해도 괜찮을지 알아내기 위해서(**초록색**)가 아니라, 모든 사람의 세계관이 다 중요하기 때문에 그들 세계관에 귀를 기울이고 수용하는 최초의 가치관 체계다. **노란색** 지도자는 마주한 문제를 함께 해결하는 모든 사람과 권력이며 의사결정권을 공유하기 위해 조직의 불필요한 위계를 없앤다. 성별, 연령, 인종, 계층, 신념을 가리지 않고 당면 과제를 가장 잘 해결할 수 있는 사람에게 초점을 맞추기 때문에, 모든 단계에서 주인 인식을 강조한다. 노란색 리더십은 '과정을 지향한다'.

나선 역학에서는 '밈 마법사', '변화 마법사,' '나선 마법사' 이렇게 세 유형의 **마법사**를 소개한다. '밈 마법사'는 특정한 단일 가치관 체계를 잘 이해하고, 같은 가치관을 공유하는 사람들을 앞에서 이끄는 최선책을 직관적으로 찾아내는 지도자다. '변화 마법사'는 서로 다른 두 가지 세계관을 어떻게 연결할 수 있는지를 놓고 가장 신뢰할 만한 예시를 제시하는 지도자다. 이들은 변화라는 거대한 물결을 외면하기보다는 위험부담을 짊어지고 변화를 당당히 추진해나간다. 이 두 유형의 마법사가 이전부터 조직과 사회에서 매우 중요한 기능을 해왔다면, '**나선 마법사**'는 **노란색** 또는 **청록색** 단계에 있기에 이전에는 볼 수 없던 '다른 수준의 마음', '다른 가치관 체계'에서 작동하는 다른 부류의 지도자다.

나선 역학 모델, 모든 것의 이론

'**나선 마법사**'는 두려움이 없고 창조적이며 지략이 풍부하고 강인하지만, 다른 한편으로는 남의 눈에 잘 띄지 않고 조용히 자신의 일과 삶을 즐기기도 한다. 그렇다고 반드시 위대하거나 훌륭하거나 일상적 의미에서 지능이 더 높은 사람은 아니다.

최근 첨단 조직에서는 자신들에게 적합한 '**나선 마법사**'를 찾아내려고 힘쓰고 있으며(실제로 조직의 모든 부서와 모든 지위에서 찾아낼 수 있으리라 기대한다), 그렇게 찾아낸 후보들을 관료적 제약이나 정치 게임에서 보호하려고 노력한다. 그런 다음 그들을 조직의 씽크탱크나 중추 신경망에 해당하는 부서에 배치해 미래를 창조할 새로운 메시지를 조직 내부에 들여오려고 시도한다.

'**나선 마법사**'를 알아볼 수 있는 징표는 다음 일곱 가지다.

1. '나선 마법사'는 닫힌 최종 상태가 아닌 열린 상태에서 사고한다.

    나선 마법사는

    - 인간의 삶이 한 색깔 정점에서 다음 정점으로 끊임없이 진행해 간다는 점을 인식한다.
    - 사람들 사이에서 자신과 타인을 둘러싼 새로운 개념이 계속 출현한다는 점을 인식한다.
    - 특정 수준(이를테면 이성적, 합리적, 논리적 사고의 수준)이 모든 사람의 최종 발달 단계라고 믿는 사람들에게는 위협적인 존재로 보일 수 있다.

- 새롭고 더 나은 구조를 좋아하지만, 옛 전통 구조를 허물지는 않는다. 오히려 이미 존재하는 좋은 가치를 변화의 구조 전반에 적용한다.

2. '나선 마법사'는 자연스러운 흐름과 리듬에 맞춰 살며, 일도 그런 방식으로 처리한다.

   나선 마법사는

   - 혼돈과 질서의 필요한 흐름을 수용하기에, 일반인이 받아들이지 못하는 현실도 잘 흡수하고 인내한다.
   - 시기가 적절치 않거나 자신이 변화를 주도할 적임자가 아니라고 판단하면, 그런 상황과 역할에서 기꺼이 물러난다.
   - 사소해 보이는 작은 것들에서도 많은 점을 배울 수 있기에, 다가오는 새로운 경향의 흔적을 누구보다 먼저 찾아내는 능력이 있다.

3. '나선 마법사'는 나선 구조 전체의 건강함을 유지하는 데 궁극의 목표가 있다.

   나선 마법사는

   - 자신이 속한 색깔뿐만 아니라 모든 색깔의 다양한 욕구를 알아차릴 수 있는 수직적 인식 능력이 있다.
   - 나선 구조 전체의 건강함을 뒤흔드는 특정 수준의 나쁜 경향(이

를테면 **빨간색의** 무자비함, **파란색의** 광신적 태도, **오렌지색의** 지나친 물질주의)을 찾아내 없앤다.

- 모든 색깔이 수평적으로 발달하며 건강한 상태를 유지해서 그 단계의 장점이 전체 나선 구조에 추가되게끔 하는 노력과, 수직적인 발달도 받아들여서 새로운 단계가 깨어나게끔 하는 노력을 동시에 추진한다.

4. '나선 마법사'는 다양한 개념 세계와 편안하게 상호작용한다.

나선 마법사는

- 모든 수준(색깔)의 중요성을 존중하며 통합을 시도한다.
- 다양한 모습으로 자신을 드러낼 수 있다. 다양한 수준의 심리에 주파수를 맞출 수 있어, 해당 색깔의 언어를 마치 같은 색깔인듯 말할 수 있다.
- 다른 문화를 칭찬할 줄 알며, 타인의 경험을 비판 없이 공유할 줄 안다.
- 상황이 자신보다는 다른 유형의 지도자에게 적합하다고 판단되면, 거리낌 없이 그들에게 도움을 요청한다.
- 어려운 문제를 해결하거나 시스템을 자연스럽게 재배치하는 일 자체에서 만족을 느낄 뿐, 누구 때문에 성공했느냐는 중요하지 않다. 가장 효율적인 좋은 구상이 중요하지, 누가 그 구상을 제시했는지는 중요하지 않다.

5. '나선 마법사'는 다양한 자원과 전략과 기술을 충분히 갖추고 있다.

나선 마법사는

- 다양한 세계에 자신을 맞출 수 있을뿐더러 자신의 방식도 조정할 수 있기에, 다양한 역할을 해낼 수 있다. 때로는 민감하고 엄격하지만, 관심이 사라지면 미련 없이 자리에서 물러난다.
- 사고를 제한하는 경계나 제약이 거의 없다. 또한 조직 내부에 존재하는 부서 간 구분이나 전통 같은 인위적 분리에도 별 영향을 받지 않는다.
- 서열보다는 유능함에 더 큰 가치를 두고, 지위보다는 지식을 더 유용하게 여긴다.
- 필요하면 누구에게 어떤 방식으로 무엇을 배우건 자유롭다.
- 과거의 유물이라고 내던지지 않고, 미래의 새로움도 거부하지 않는다.
- 다양한 장면에서 문제를 해결하기 위해 적합한 연장을 세심하게 선택한다. 때로는 양보하고, 때로는 협상하고, 필요하면 권위를 내세우기도 한다.

6. '나선 마법사'는 체계적으로 사고하고 통합적으로 문제를 해결한다.

나선 마법사는

- 1층 수준에 있는 사람들이 이해하기에는 다소 어려운 방식으로 생각하고 행동한다.

나선 역학 모델, 모든 것의 이론

- 체계적으로 사고하고, 복잡한 문제나 사건이나 상황들을 전체적으로 이해하기 위해 자연스러운 과정과 연결된 인식을 서로 결합한다.
- 단일한 인과관계의 결합, 빠른 문제 해결, 인위적 개입을 거부한다.
- 혈관 구석구석을 살피며 막힌 곳을 찾아내 혈류를 원활하게 하고 생명력을 불어넣는 활동을 한다.
- 전문가들이 제안한 품질 관리, 리엔지리어링, 마케팅 전략이 실패하는 이유와 원인을 단숨에 찾아낼 수 있는 통찰력이 있다.

7. '나선 마법사'는 독특한 개인적 신념과 가치관이 결합된 상태에 있다.

   나선 마법사는

- 좌뇌와 우뇌의 능력을 동시에 발휘하며, 입자와 파동을 모두 동시에 감지한다.
- 시인처럼 꿈꾸고, 컴퓨터 프로그래머처럼 계획을 수립한다.
- 개인의 권리 대 공동체의 안녕, 성장 발달 대 안정된 삶처럼 상반된 세력 간에 벌이는 우선순위 다툼을 원만히 해소한다.
- 전체 요구와 부분 요구를 동시에 볼 수 있는 마음의 눈이 있다.

부록 3. 가치관 체계 색깔별로 삶을 대하는 일반 태도

1. 파란색 세계관의 태도

- 신/하느님은 나의 삶에서 매우 중요하다.
- 아이들은 독립심이나 결단력보다 복종심과 신앙심을 배우는 일이 더 중요하다.
- 인공 유산은 결코 정당화될 수 없다.
- 나의 주요 목표 중 하나는 내 부모를 자랑스럽게 해드리는 일이다.
- 자살이나 안락사는 결코 정당화될 수 없다.
- 이혼은 잘못된 처사다.
- 선과 악을 구분하는 명백한 지침들이 존재한다.
- 내 나라의 환경문제는 국제 협약 따위 없이도 충분히 해결할 수 있다.
- 여성이 남편보다 더 많이 돈을 벌면 문제가 생기기 마련이다.
- 부모는 어떤 사람이건 관계없이 언제나 사랑하고 존경해야 한다.
- 가족은 나의 삶에서 매우 중요하다.
- 자식은 많을수록 좋다.

2. 오렌지색 세계관의 태도

내가 가치 있고 중요하다고 생각하는 것은

- 돈 많이 벌기
- 목표 달성을 위해 성공의 사다리를 한 계단씩 올라가기
- (소비자나 유권자로서) 다양한 선택지를 손에 쥐기
- 최신 첨단 유행을 이끌기
- 국가 단위에서 경제적, 기술적 진보를 지원하기
- 내적이거나 영적인 삶을 추구하는 것은 괴짜들이나 하는 짓이다.
- 우리 몸은 기계나 다름없다.
- 대기업이나 정부는 무엇이 최선인지 우리보다 잘 안다.
- 클수록, 많을수록 좋다.
- 시간은 돈
- 목표를 세우는 일은 매우 중요하고, 효과적이다.
- 사물을 부분으로 나눠 분석하는 방법이 문제를 해결하는 최선 책이다.
- 기초과학과 거기에 발 딛고 선 산업이 진실의 모델이다.
- 효율성과 속도가 최우선 순위다.

3. 초록색 세계관의 태도

- 공동체의 재건을 원한다.
- 여성과 어린이를 겨냥한 폭력은 야만이다.

- 이국적인 것을 좋아한다.
- 자연은 신성하다.
- 일반적으로 친환경 가치관을 지닌다.
- 생태적 지속 가능성이 중요하다고 믿는다.
- 스스로 선택한 단순한 삶이 중요하다고 본다.
- 좋은 인간관계를 매우 중요하게 여긴다.
- 경제적 성공이나 물질적 풍요가 그렇게 중요하다고는 생각하지 않는다.
- 직업적 성공과 번영에는 별 관심이 없다.
- 이타적 활동(자원봉사)에 관심이 많다.
- 종교적 신비 현상을 믿는 편이다.
- 자기실현에 관심이 많다.
- 심리적 발달과 영적 발달을 결합해 추진하고 싶어 한다.
- 미래에 낙관적이다.
- 창조적 시간을 더 많이 누리고 싶어 한다.
- 몸과 마음의 건강부터 영적 건강까지 건강 전체가 중요하다고 믿는다.

4. 노란색 세계관의 태도

- 형식적인 겉치레에 신경 쓰지 않는다.
- 의미상 사소해 보이거나 논점을 벗어난 해석, 대인 관계에서 오가는 눈치싸움으로 시간을 보내지 않는다.

- 더 많은 것을 찾아내고 배울 수 있는 좋은 내용, 참된 정보, 열린 채널에 가치를 둔다.
- 적절한 기술력, 최소한의 소비, 낭비와 쓰레기를 줄이기 위해 기꺼이 노력한다.
- 생활조건이 요구하지 않으면, 지위가 주는 힘을 과시할 필요를 느끼지 못한다.
- 인간적인 취향을 즐기지만, 그렇다고 거기에 강박적인 노예가 되지는 않는다.
- 자신의 생애를 넘어선 장기 문제에도 관심을 기울인다.
- 분노와 적개심을 보일 때도 있지만, 그런 감정에 휘둘리지 않고 필요에 따라 이성적으로 표현한다.
- 삶이란 언제나 문제와 해결의 연속이라는 점을 깨닫고, 혼돈과 질서를 당연하게 받아들인다.
- 인위적인 것보다 자발적이고 단순하며 윤리적인 것에 관심을 보인다.
- 다른 사람에게 의존하려는 욕망이나 충동이 없어, 타인의 강압이나 아첨이나 협박 등에 의연하게 대처한다.
- 핵심 동기와 평가 시스템의 기준을 스스로 설정해서 살기에, 외부 압력이나 판단에 흔들리지 않는다.

부록 4. 효과적인 소통에 도움이 되는 색깔별 메시지 핵심 내용

1. 파란색

- 의무, 명예, 예절 바른 이미지
- 대의와 명분을 위한 자기희생
- 전통과 기존 규범에 대한 소구
- 계층 의식과 지위에 적합한 이미지
- 예의 바름, 정직, 책임감
- 미래에 받을 보상 약속과 지연된 만족
- 죄의식을 누그러뜨리거나 가라앉히는 올바른 결과 제시

2. 오렌지색

- 경쟁 우위와 영향력을 강조한다.
- 성공 동기와 풍요를 성취한다.
- 더 크고, 더 좋고, 더 새롭고, 더 빠르고, 더 인기 있다는 점을 강조한다.
- 전문가와 권위자를 인용한다.
- 실험 자료, 진실한 경험
- 이윤, 생산성, 품질, 결괏값, 승리
- 여러 선택지 중 최상, 최선임을 강조한다.

3. 초록색

- 집단 소속감, 공유, 조화를 끌어 올린다.
- 타인을 배려하고 생명 존중을 강조하는 감수성
- 내면의 자기 인식과 이해를 확장한다.
- 자연의 평화로운 모습을 떠올리는 부드러운 언어
- 신뢰, 개방성, 탐구, 통로 설정
- 꾸밈없는 인간 모습과 진정한 감정 표현

4. 노란색

- 상호작용, 적절한 매체
- 장황하지 않은 기능적 필수 정보
- 사실, 느낌, 본능
- 큰 그림, 전체 시스템, 통합
- 전체 관점을 위해 다양한 분야의 자료를 결합한다.
- 적응하기, 연결하기, 융합하기, 모으기
- 거시 문제를 해결하는 거시적(세계적) 방안
- 국가나 당파를 넘어선 공동체

나선 역학 모델, 모든 것의 이론
Summary of Spiral Dynamics Value Systems

펴낸날	초판 1쇄 발행 ǀ 2024년 11월 29일
편 자	밸류매치
옮긴이	김철수
펴낸이	캐서린 한
펴낸곳	한국NVC출판사
편집장	김일수
마케팅	권순민, 고원열, 구름산책
본문 디자인	이경은
표지 디자인	유혜현
인 쇄	천광인쇄사
용 지	페이퍼프라이스
출판등록	제312-2008-000011호 (2008. 4. 4)
주 소	(03035) 서울시 종로구 자하문로 17길 12-9(옥인동) 2층
전 화	(02)3142-5586 팩스 ǀ 02)325-5587

홈페이지 www.krnvcbooks.com 인스타그램 kr_nvc_book 블로그 blog.naver.com/krnvcbook
유튜브 youtube.com/@nvc 페이스북 facebook.com/krnvc 이메일 book@krnvc.org

ISBN   979-11-85121-55-0 03180